怪談四十九夜

怖気

黒木あるじ
監修

竹書房文庫

まえがき

黒木あるじ

監修という肩書きには、いつまで経っても馴染めない。本シリーズも三巻目、いいかげん慣れても良さそうなものなのだけれど、どうにも尻のすわりが悪いままである。やはり自分は「怪異」と名のつくものに対して俯瞰で見ることができない性分らしい。その深淵を探りたくなって、奥へ奥へ入りこもうとしてしまう。ゆえに全体を統括するという立場にも、いささか違和感をおぼえてしまうのだ。

もっとも本書にかぎって述べるなら、監修役への抵抗感は、この厄介な性格のみが原因であるとは断言できない。なにせ書き手は腕利きの猛者ばかり、おまけに各話とも選りすぐりの佳作ぞろいときている。これで「夢中になるな」と言うほうが無理な注文ではないか。そう、今回の『怪談四十九夜』も、前書に勝るとも劣らない怪異譚が揃っているのだ。怖気をふるう正統派の実話から業の深さに背筋を寒くさせる掌編、生者と死者のつながりをしみじみと感じる逸話まで、バラエティに富んだラインナップとなっている。「秋の夜長を満喫するにはうってつけの一冊」との自負が誇張ではないことを、読了後には納得いただけるはずだ。

本書の「四十九夜」なる題名が、〈四〉と〈九〉という忌み数を踏まえていると同時に、仏教の葬儀における「四十九日」になぞらえたものであることは、すでに読者諸兄の多くが理解しているところかと思う。四十九日とは「満中隠」とも呼ばれる、死者が初七日から七日ごとに受ける裁きの最後の日である。亡くなった者の行き先が決まる、いわば現世との別離をあらわす〈忌明け〉の夜なのだ。

しかし、あなたがこの本を読んでいる今夜は、本当に明けるのだろうか。ページへ目を落とす背後にただよう忌まわしき空気は、消え去ってくれるのだろうか……是非それをたしかめるべく、これより続く本編を楽しんでいただきたい。そして読み終えたあかつきには、周囲をゆっくりと、ゆっくりと見まわしてほしい。もしかしたら視線の先では、日常の皮をかぶった〈なにか〉が、あなたをじっと睨んでいるかもしれない。

では、そろそろ四十九の怪しき物語、その幕を開けるとしよう。

目次

お礼参り

T君が大学生だった頃、行きつけだった喫茶店の話。

古いビルの一階、半分地下に潜り込むようにしてあったその店は、コンクリートをむき出しにした内装と薄暗い照明が印象的だったそうだ。

特別なメニューは何もなく、数種類のコーヒーと軽食を提供するだけだったが、彼にはなぜか居心地がよく、殆ど毎日のように通っては、意味もなく何時間も居座っていた。

ある年、少し肌寒くなってきた季節のこと。

いつものように店の一番奥まった席でコーヒーを飲んでいると、手に大きな花束を抱えた客が入って来た。カウンターの奥で作業を行っていた店主は、その客に気が付くと「おお!」と声をあげ、顔を綻《ほころ》ばせる。

親し気に話し始めた二人を、ぼんやりと眺めるT君。

古い友人？　あるいは昔の常連客だろうか？　そんなことを思いながらコーヒーをすする。

ひとしきり盛り上がると、客は手にした花束を差し出し、店を後にした。

受け取った花束を嬉しそうにカウンターに飾る店主。

それから少しして、またもや手に花束を抱え、やってきたのは別な客。

店主は驚いたような様子でカウンターから出て来ると、二人何事か盛り上がっている。

その日、T君が店に居座っていた数時間、同じような光景が何度も繰り返された。

花束を持って訪ねてくる客、それを驚きと共に向かい入れる店主。

何か慶事でもあったのだろうか？　帰り際にそれとなく店主に訊いてみると「いやぁ、特別何もないんだよ、なんなんだろうね？　今日に限って古い知り合いばっかり、皆同じように花束持って来るんだもん、びっくりしちゃうよ」との返答。

「ちょうど近くに来たから」「急に懐かしくなっちゃって」彼等は口々にそんな理由を店主に述べ、花束を置いて去っていったという。

「まるで今日で店閉めるみたいだなぁ」

店主は冗談っぽくそう言って笑った。


「結局その通りになっちゃったんだよ」

次の日、T君は日課のごとく喫茶店を訪れたが、どうやら休みの様子。

何の前触れもない店休はこれまでも何度かあったため、さほど気にはしなかった。

しかし次の日も、更に次の日も、店は開かなかった。

「それでさ、あの日から一週間も経たないうちに『店主急逝のため閉店します　○○ビル管理者』っていう張り紙が出されてね」

覗き込むと、店主を失った喫茶店のカウンターでは、あの日の花束が、差し込む陽光によって美しく照らされていた。


後日、T君は例の喫茶店で知り合った常連客から、亡くなった店主のことについて詳しく話を聞く機会があった。

「いや、俺は愛想の良い善良なおっさんって印象を持っていたけど、実は裏で結構黒いことやっていたみたいでね。色んな人から恨まれている人間だったたって言われてさ。ロクな死に方しねえだろって、ザマぁ見ろって言ってる連中も多いんだって……　死因は病死だって聞かされたけどね……　それで、うわぁって思い出して」

——張り紙が貼られたあの日、店のカウンターに飾られていた花束たち。

バラ、ガーベラ、ユリ、カスミソウ、ピンポンマム。

まるでおめでたいことでもあったかのように、見事な紅白であったという。

最後の望み

八十代のSさんから伺った話。

S家は町を見下ろす岬の上に建つ一軒家である。

居間からは港を一望でき、視線を上げれば水平線が見渡せる好立地。

「眺めだけなら百点だけどね。でもポツンと建っている家だから風が吹けば家が揺れるし、夏は陽射しがそのまま入って来るから暑いしで大変なのよ」

Sさんは数年前に旦那さんを亡くされており、現在は一人暮らし。

「商店街までは坂の上り下りがあるでしょう? 私は車の免許を持っていないし、齢《とし》も齢だから買い物をしてくるのも一苦労でね。生活に必要なものは配達してもらうようにしているの」

どこか寂しそうな様子で「すっかり引きこもり老人よ」と自嘲する彼女。

「娘夫婦には『一緒に暮らそう』って何度も誘われているんだけど、何十年も住んだ家だから離れ難いのよね。それに私には私の仕事もあるから……」

何か内職のようなことをやっているのかと訊ねてみると、そうではないという。

「主人が残してくれたお金もあるし生活には困っていないのよ。そういう『仕事』ではなくて、何て言ったらいいのかしら？　社会貢献？　とでもいうのかしらね」


S家の裏手はちょっとした雑木林のようになっており、そこに時々「来客」がある。

「うちの土地なのよね、ご先祖が風よけのために作った林なの。どうも昔から人を呼んでしまう場所だったみたいで……まだ若かった頃に、主人が柵を作って入れないようにしてはみたんだけど、その柵を越えて中に入ってくる人たちがいるの」

「物騒な話ですね」と返すと「物騒なくらい元気な人達ならいいんだけど」と呟くSさん。

聞けば、彼らは自殺志願者なのだそうだ。

「もうずっと『隠れた名所』なの。何でなのか、首を吊りに来るのよねぇ」

遠くは北海道や沖縄からもやって来たらしい。

「この土地に何の由縁も無い人が、最後の場所として見定めちゃうのよ。自殺の名所だなんてチラシ作って宣伝しているわけでもないんだし、どうしてここで死のうと思うのか不思議なんだけれど。地元の人間にだって殆ど知られていないはずなのに」

彼女がここで暮らし始めてからこれまで、十数人が自殺体で発見された。

「私たちが気付いて止めてなければもっとだったでしょうね。気味が悪い云々以前に、どうしたって誰かがここに居て止めてあげないとって、亡くなった主人とよく話し合ってね」

その役を買って出ているのだという。つまりそれが彼女の仕事。

「声を掛けるとハッとしたような顔をして、少しだけ世間話をして、それで首を捻りながら帰って行くの。思いつめたような人っていうのは稀でね。殆どの人が、まるで何かに誘われたようにしてここに来ちゃったって言うのね。でも『景色が良さそうだから来てみたんです』なんて、笑って帰って行った人が次の日に首吊ってたりするから、ホントにわからないものでねぇ」

一体どういうことなのだろう？　どんな因縁のある土地なのか。

「主人もその辺に興味があったみたいで、随分色々と調べていたの。土地の歴史とか郷土史とか、そんな本ばっかり買い集めてね。似たような場所が他にもあるんじゃないかなんて言って……結局いくら調べても分からないなんて言っていたんだけれど……」

そのご主人もまた、自宅裏で首を吊ってしまったのだという。

「わからないのよねぇ、本当にわからない。まもなく米寿だなんて言って笑ってた人が突然だもの…… 何か理由があったのだとしたら、どうしてもそれを知りたくてね……だから私もここで暮らし続ければ、そのうち分かるのかも知れないって……それが最後の望みね」

遠く水平線を見渡しながら、Ｓさんは言った。

返事

　いやぁ、もう築五十年にもなるからね、耐震性だなんだってことを考えれば危ない物件ではあるの。だから市としてはもう取り壊したいわけ、何か問題が起こってしまったら市の責任ってことになっちゃうから。もう何年も前から退去の促《うなが》しはあるみたいだけれどね。

　でもホラ、出て行きたくても出て行けない人達っていうのもいるわけだ。ね、元々低所得者向けの団地なんだからさ。ん？　いやいや、何階建てって言うんじゃなくて、長屋団地なんだ。一階建ての長屋が何棟か並んでる形の。今でも十世帯は住んでいるよ。うん。殆どは独居の高齢者だけど、若い人ではシングルマザーの世帯なんかも入ってるね。だって家賃なんて月あたり一万か二万かそんなもんだもの。普通にアパート借りること考えれば破格だよ。環境があまり良くないってことを考えても背に腹は代えられないってのはあるだろう。

　それで、何だっけ？　ああ、幽霊ね、幽霊の話って言ってたね。そうそう、さっきも言ったように高齢者の独居世帯が過半数を占めているから、最近では孤独死が多くてね。気付いたら亡くなってたなんてことも多い。もともと人付き合いが苦手なような人達が住んでいるから、何十年と隣に住んでても関わり合いにならないようにしてるっていう。そういう雰囲気もあってか、壁のすぐ向こうで死んでる人がいても、これが案外気付かれない。

それで、ホラ、国税調査の時にさ、俺は自治会長としてその長屋を一戸一戸回って歩かなくちゃならないわけだ。これがまた大変でね、年寄りばっかりだから、こっちで説明してもそれが頭に入ってないような人が何人もいるから、その度に説明を繰り返してみたいなことをね、何度もしなきゃならないのよ。中には「アンタが適当に書いてくれ」なんていう人もいてさ、ホント大変……って、幽霊だったね。まぁ俺は直接見たわけじゃないんだよ。聞いたの、声をね。

さっきも言ったように一戸一戸回ってた時にさ、こっちが「ごめんくださーい」って行くじゃない？　呼び鈴なんてついてないから、ドアをトントンってノックしてさ。大体はそれで気付いて出てくるんだけど、中には居留守使って出て来ない人とかもいて、それはそれで大変なんだけど……　それでさ、その長屋のね、ある爺《じい》さんの所を訪ねた時に、いつものようにドアをノックして「ごめんくださーい」って声をかけたわけ、そしたら中から「はーい」って声が聞こえる。間もなく出てくるだろうなと思って玄関の所で待ってたんだけど、さっぱり出て来ないのさ。あれ？っと思ってもう一回ドアノックして「ごめんください」って言って、そしたら「はーい」と、中から返事は聞こえるの。だけどやっぱり出て来ない。なんだろうと思ってね、その後も何回か同じこと繰り返して、そのたびに「はーい」って。まぁ軽い認知症の人とかも住んでいるから、こういうこともあるよねって思ってたところ、その爺さんの部屋の隣の住人が、こっちも七十代の爺さんなんだけど、玄関開けてさ「隣の人、出て来ないでしょ？」って言うんだわ「そうなんですよ、さっきから返事は聞こえるんだけど、さっぱり玄関開けてくれなくて」と、そう言ったら「最近ずっとそうなんだよ」ってね、そう言うわけ。

なんでも何日か前から妙な臭いがするから、苦情を言おうとして彼も何度か隣を訪っていたそうでね、そのたびに返事は聞こえるものの、さっぱり出て来ないからどうしたものかと思ってたって言うの。まさかドアを蹴破るわけにもいかないしって。せっかく会長さんが来たんだから、申し訳ないけど苦情の立会人になってくれないか？　って言われて。うわぁ面倒臭《くせ》ぇなあと思ったけど、俺はそういう立場だからさ、いいですよって。

ただまぁ、数日前からとなるとちょっと厄介だなと。経験上、これまでも腰痛なんかで動けなくなってる独居の年寄ってケースはあったから、そうだったらマズいなと。そんでその隣の人と一緒に裏に回ってね、ガラス窓ノックしたんだ、そしたらやっぱり「はーい」って返事は聞こえる。でも住人は出て来ない。そんでこう、引かれたカーテンの隙間から中を覗き込んだら、どうも人が倒れているようでね。そういう風に見えたもんで、これは一応警察に電話かけて相談してみようってことになって。電話かけた。

状況説明したら救急車も要請した方がいいでしょうと言われて、そっから間もなく警察と救急車が来てね、ドンドンって窓叩いて、大丈夫ですか？　って。そしたら窓がスッと開いてさ、あれ？　鍵かかってなかったの？　そういや俺等は窓をノックはしたけど開けようとはしてなかったから、あれれ？　って。そう思ってるうちに、もうすごい臭いでさ、甘臭いっていうか、臭いのボリュームがすごいわけ。

そこにいた皆が「うわっ」ってなってね。うん、死んでた。

そっから大変だったよ、それこそさっきまで「はーい」って返事は聞こえてたわけだから、事前に通報してた内容と、現場の状況に齟齬があるなんつって。隣の爺さんが疑われたりして。ホントに大変だった。まぁ、結局は事件性のあるものではなくて、自然死だってことにはなったんだけどさ……そうするとあの返事は何だったんだと、今でも謎。

その部屋はもう畳から何から全部処分して、玄関にも窓にも板を打ってね、今では中に入れないようになってる。取り壊し予定のボロ長屋だし、そんなことがあった部屋を綺麗にして貸し出すっていう判断にはならなかったんだと思う。そんでそれ以来、孤独死があった部屋は同じように処理されるようになった。新規の入居者が入らなければ、それだけ取り壊せる時期を早められるからね、理由も理由だから、入りたいって人間も居ないだろうし。

ああ、気の毒だったのはその隣の爺さんね、疑われたのも可哀そうだったけど、あの後にさ、もう板を打ち付けられた隣の部屋から、まだ声が聞こえるつって、ノイローゼみたいになって引っ越しちゃった。

まぁ俺も俺で、たまに夢に見ることあるぐらいだから……何ともね……。

最終電車にて

Yさんという三十代の女性から伺った話。

その日、彼女は最終の鈍行列車に乗り込んだ。

時間も時間だけあって人もまばら、二両編成のワンマン列車に乗客は十数人程度だった。

目的地である地元の駅まではおよそ二時間の道のり、長丁場である。

列車が動き出し、さて本でも読もうかとカバンに手をかけたが、そこで妙な人物に気付いた。五十代半ばぐらいだろうか？　恰幅《かっぷく》の良い女。間もなく冬というのに夏場のような薄いワンピースを着ており、フーフーと荒い息使いをしながら、落ち着きなく車両のなかを行ったり来たりしている。

他の乗客も不審に思っているようで、Yさん同様、それとなく、その女性を伺っている様子。面倒なことになる前に隣の車両へ移動しようかとも考えたが、元来の気の弱さもあってか立ち上がることができず、結局無視を決め込むことにした。近くの席には若い男性もいたことから、何かあれば助けてくれるだろうという希望的な観測もあった。

列車はゴトゴト音を立てながら、暗い山裾を走り抜けていく。

各駅で停車するごとに、一人また一人と乗客は減り、出発から一時間を過ぎた頃には数人の乗客を残すのみとなった。例の女は、まだ乗っている。

強い緊張感を抱えながら、Yさんはできるだけ気にしない素振りで状況をやり過ごす。

最悪なのは、女と二人きりになってしまった場合であるが、幸いなことに近くの席の若い男性はまだ降りる気配がない。時々、Yさんに視線を送ってもくれ、それとなくこちらを気にしてくれている様子が心強かった。

例の女は当初と変わらず、興奮したような荒い息使いで車内をうろついている。

Yさんは女が近くを通りかかるたび、身がすくむ思いがした。

そんな中で、彼女はふと思う、なぜここまで緊張を強いられるのだろう?

確かに女の様子はおかしい、普通ではない。しかし車両に満ちたこの緊張感は異常すぎやしないだろうか。状況だけを考えれば、太った薄着の女が息を切らせながら行ったり来たりを繰り返しているだけなのである。刃物を振り回しているわけでもなければ、誰かが危害を加えられたわけでもない。

確かに頭ではそう冷静に考えることができる。しかし裏腹に手はじっとりと汗ばみ、唇はカラカラに渇いていた。頭ではわかっていても、体が強制的に反応してしまう。

一体この女は何者なのか？　どこの駅で降りるのか、これまで味わったことの無い緊張感の中で、Yさんは女が早く下車することを祈った。すると、まるでその祈りが通じたかのように、次に停車した無人駅で女は電車を降りていく。付近に民家がある駅ではない。一体こんな時間に何の用があって降りるのか想像もできなかったが、それはそれである。

女が去った後、Yさんは気が抜けたように弛緩《しかん》した。先ほどまでの緊張感からの反動もあってか、眠気すら覚えたそうだ。

安心してあくびをかみ殺していると、近くで彼女を見守るようにしてくれていた若い男性が声をかけて来た。

「大丈夫ですか？　なんだったんですかねあのオッサン」

「え？　男の人でしたか？　私てっきり女の人だとばかり……」

「ああ、うつむいてましたもんね、男でしたよ。こんな季節にハーパンとアロハって何考えてるんだか。しかしそれにしても凄い臭いで、鼻が馬鹿になりそうでした。気持ち悪くなっちゃって、ほんとマジでクソだなアイツ」

「え？」

「お姉さんが一人になっちゃうと思って我慢してたんですけど、よっぽど隣の車両に移ろうかと思ってましたもん。いい齢してあれはない、困ったもんだ」

　男性が語る内容は、Yさんがさっきまで体験していたものとことごとく食い違った。

　確かにあの人物はワンピースを着た女性であったし、妙なプレッシャーを与えられはしたものの、酷い臭いなどはなかった。彼の話を聞いているうちに、これは夢か何かなのかと混乱したと彼女は言う。

「なんだったのかわからないですが、要は普通の人じゃなかったのかなと。ああ、何だろう、もしかしたら『人』でもなかったんじゃないかなって、思うんです。笑われるかもしれないですけど、それこそ熊か何かが化けてたんじゃないかって、そんな風に考えた方が合理的な気さえするんですよね」

祟り木

現在三十代のA君が中学三年生だった頃の話。

その年の秋、彼の家の近所では不幸が相次いでいた。

「とにかく毎週のように誰かが亡くなってね、俺が知っている限りでも、三ヶ月の間に九人は亡くなったと思う。年寄がっていうんならまだわかるんだけど、まだ若い人たちも次々だったから、正直怖かったよね。殆ど毎週のように葬式があってさ」

急病、交通事故、自殺。つい先日まで挨拶を交わしていた人達が、あっさり死んで行った。

「縁起でもない話なんだけれど、そろそろうちの家族からも死人がでるんじゃないかって、そんなことすらリアルに考えるようになってたから、ほんと異常だったよね」

あるいはそれは自分かも知れない、不安を抱えたA君は、ある時、可愛がってくれていた自身の祖母にその思いを吐露した。

「そしたら祖母《ばあ》さんが『うちは大丈夫だ』って言うの。どうして？　って訪ねてみたら『この人死には、あそこにあった木が祟っているのが元だから』って」

その年の夏、宅地造成に伴って、彼の家の側に生えていた大木が切り倒されており、祖母の言ではその切り倒された大木が相次ぐ不幸の原因であるという。

「何の木だったのか、調べたりしていないのでわからないんだけど、確かに大きな木があったはあったんだ。ただ随分大きな木だったたってことを覚えているぐらいで、何か思い出があったりとかは全然なくって、今考えてみれば、あんな大木だったのに印象が薄すぎるんだよな……」

彼の祖母の言う通り、仮にその大木が祟っていたのだとしても、どうして彼の家は大丈夫なのだろう？

「祖母さんが言うには、その木が切り倒されて以来、夜に寝ていると布団の周りをグルグルと周るモノが出るんだと。幽霊みたいなモノがね。そんでソイツが『酒飲ませろ』って耳元で呟くんだとか、そんな風な話で」

その〝モノ〟が出た次の朝には、例の大木に生っていた実が、決まって枕もとに転がっていたため、A君の祖母はその度に、木があった場所に酒を供えて拝んでいたらしい。

「実って言っても、細いカリントウみたいな変な実でね。割ると脂っぽい緑の汁が出てくるんだ。他にそんな実を生らす植物はなかったから、間違いないって思ったみたいで『だから大丈夫、手は打ってあるから』ってさ、そう言ってたんだけど……」

それから少しして、夜中にトイレに起きたA君は、祖母が目を瞑《つむ》ったままで自分の布団の周りをグルグルと周っている姿を目撃した。

「なんか騒がしいなと思って、祖母さんの寝室を覗いて見たらそんなでね。俺もビビって固まっちゃってたんだけど、そのまま祖母さんがパタッと倒れ込んでしまったのを見て、親の寝室に走ってさ『祖母ちゃんが変だ！』って、叫んで」

その後、救急車で病院に運ばれた彼の祖母は、一週間と持たずに亡くなってしまった。

「うちの祖母さんが死んで最後だったんだ。それ以降ピタッと人死にも止んでね。実際のところどうだったのかなんてわかんないけれど、俺は死んだ祖母さんが何とかしてくれたんじゃないかって、勝手に思ってる」

大木が生えていた土地は、宅地に造成されたものの何故か買い手がなく、今はその一部をゴミの収集場所として利用されている以外、空き地のままだそうだ。

幽霊の正体

今年の春、ヒロさんは交通事故に遭った。

その事故が起きたのは二十二時過ぎのこと。飲み会の帰りに白線の内側を歩いていたヒロさんは、背後から来た車に撥《は》ねられた。

衝突の勢いで九十キロ超の身体《からだ》が宙を舞い、ほろ酔いの彼は受け身もとれずに全身をアスファルトに叩きつけられた。

「頭からクシャッて卵の殻が割れたみたいな音がして、ヤバいな、俺死ぬのかなって」

仰向けの状態で倒れていると、頭の傷からドッと温かい液体が湧き出た。〈このままでは出血多量になってしまう〉と慌てたが、手足が動かせないので止血もできない。

死にたくない！　ただひたすらに、ヒロさんはそう思った。

目を閉じると地元にいる両親、交際中の彼女や友人たちの顔が次々に浮かんでくる。二十一年間の人生を総括したイメージが、パノラマ状に頭に広がったかと思うと猛スピードで流れ去り、しまいには全てが闇に溶けた。

いつの間に救急車に乗せられたのか、意識を取り戻すとヒロさんは救急病院のベッドに寝かされており、手には点滴、足は添え木で固定されるなどの処置を受けていた。不幸中の幸い、頭蓋骨に骨折はなく、頭部の裂傷と足の骨折のみで命に別状はなかったという。

「頭は血流が豊富なので、切るとけっこう派手に出血するんだそうです」

事故から数ヶ月が経過し、頸椎捻挫《けいついねんざ》（むち打ち）の症状は残っているが、徐々に改善する見込みであるという。

ここまでヒロさんの話を伺ってきて、私は困惑した。科学では説明のつかない体験を聞きに来たのに、いったいこの話のどこに怪異の介在するポイントがあるのか。

死に瀕した時、過去の記憶が早回しの如く頭に浮かぶ〈走馬灯現象〉は、医学的には脳の見せる幻覚症状と考えられており、とくに不思議なことではない。

こちらの怪訝な思いが顔に出ていたのか、ヒロさんは苦笑しながら話を続けた。

「その、事故った道路にね……出るんですよ」

かつて飲み会帰りに彼が車に撥ねられた場所、死にたくないと心から願った路上に幽霊が出るのだという。

「〈そこで轢《ひ》かれて死んだ男が恨んで出る〉って噂ですけど、俺の調べた限りでは、その付近では死亡事故なんて起きてないんです」

目撃者によると、深夜にその道を通ると男が倒れており、酷く陰気な声で「死にたくない」と一言つぶやいて消える。その幽霊の顔は血塗《ちまみ》れで、Tシャツに包まれた体はプロレスラーのように固太りしているのだとか。

「ねっ、決まりでしょう？　俺です。俺が出るんですよ」

百キロ近い肥満体とよく響く低い声、Tシャツ姿に頭部の外傷。外見的特徴は合っているようだが、ヒロさんは存命の人物。彼が路上に出るとはどういうことなのか。

「俺の生き霊とかではなく、たぶんそれ、思いが道路に焼き付いてると思うんです」

ヒロさんの説によればこうだ。

強い感情や激しい執着などが、何らかの理由により場に記録されて遺る。ある種の勘の良い人はそれを像として視認できるので、それを便宜上、霊と呼んできたのではないか。

「要するに、その場に俺の残留思念がこびり付いてるってわけです。それが、見える人には３Ｄ映像みたいに見えるんですよ」

この仮説によれば、とうに死んでいるのに投身自殺を繰り返したり、孤独死した家に出続けたり、無念の死を迎えた場所に遺り続けたりする死者の姿などは、みなその場に焼き付いた、単なる〈音声付き映像〉だということになる。それは人の魂ではなく単なる過去のデータに過ぎないので、生きている者が対話しようとしても叶わない。

動物より人間の霊の目撃談が多いのも、脳の発達した人の方が思考能力やイメージ能力が強く、動物よりも思いを遺しやすいからであろう。野生動物よりペットの方が死後に霊として出現しがちなのも、ペットは人と暮らすうちに人間らしいコミュニケーション力を磨いているからと考えられる。

世間で行われる〈お祓い〉とは、〈その場に録画された、好ましくない映像と音声データをまっさらに消去する〉ことではないかとヒロさんは自説をまくしたてた。

事故が起きたのと同じ時刻を選んで、ヒロさんは時々その道を通っている。路上に出るモノが、本当に自分の遺した思念なのか仮説を検証したいのだという。

今のところ自分との再会を果たせず、残念がっているヒロさんだが、私にはなんとなくこのまま会わないままでいた方が良いような気がしている。

ペル

「物心ついた頃から、ずっと一緒にいたコでしたから」

自宅から離れた大学に入学した愛さんは、実家の愛犬と離れて暮らすのが何より辛かったと話す。

彼女の新居はキャンパスから徒歩圏内にあるワンルームマンション。親が払える家賃の上限と通学の利便性、オートロックなどの安全性を考慮すると、ペット禁止のその物件を選ばざるを得なかった。

「母がケータイから送ってくれるペルの写真や動画、最高の癒しでした」

初めての一人暮らしに慣れてきて、母からの連絡も毎日ではなくなった頃。愛さんは試験勉強に明け暮れながら、〈テスト後の休みに里帰りして、思いきりペルを可愛がろう!〉と楽しみにしていた。

ところが、試験が終わった日に母から電話があった。

調子を崩していたペルを動物病院に連れて行ったが、助からなかったという。

「なんで、なんで」と愛さんは泣きじゃくった。遺体でもかまわないからペルに会いたかったのだが、電話の時点で既にペルは焼かれ、遺骨になっていた。

「電話の前の日にペルが死んじゃってたのに、私がテストに集中できないと困るからって、母が隠していたんです」

もう、あのくりくりした大きい瞳と見つめあうことも、もふもふした毛皮を撫でさすることもできないのか。犬の十六歳は充分高齢だが、あんなに愛らしい生命体がこの世にいないなど、とうてい納得できるわけがなかった。

泣き疲れた愛さんがベッドでうとうとしていると、何かポンと軽やかにベッドに飛び乗る物があった。

その物体はハフハフ息を弾ませながら、愛さんの脇に体を擦りつけてくる。夢かと思い、伸ばした指先に触れるなめらかな毛並みには覚えがあった。

「ペル⁉」

ハッと飛び起きるとベッドの上にいるのは彼女だけで、それは温かな感触だけを残していなくなっていた。

その日から、折にふれて彼女の部屋にペルが来るようになったのだという。

「嫌なことがあったりして落ち込んでると、ペルが頬《ほお》を舐めて慰めてくれました」

姿こそ見えないけれど、私にはペルがついている。悲しい時やつらい時にはペルが寄り添っていてくれる。そう思えば、一人暮らしもちっとも寂しくなかった。

連休に実家に帰った愛さんはペルの眠るペット霊園にお参りに行った。

「ずっと一緒にいてくれるように〈ペル、成仏しないで私のそばにいてね〉って、霊前にお祈りしてきたんです」


夏休みを迎える頃、愛さんにも彼氏ができた。

「彼に会った日はペルが悪戯しちゃって。犬だから、ニオイでわかるんですかね」

いつも添い寝してくれるペルがデート後には現れず、夜のうちに畳んであった洗濯物がこっそり崩されていたり、玄関に並べておいた靴がばらばらにひっくり返っていたりしたという。

〈ペルがヤキモチ妬いてるのかな?〉と、愛さんは微笑《ほほえ》ましく思っていた。

順調にデートを重ねて交際が進んでいったのだが、愛さんが困ったのは彼が彼女のマンションに来たがることだった。

彼が来ればおそらく泊めることになるが、夜寝ている間に部屋が散らかるなど、ペルが粗相《そそう》をしたら困る。

ペルのことは女友達どころか、親にすら話していない自分だけの秘密事項だった。彼氏に〈死んだ愛犬が会いに来るんだ〉と打ち明けるのは避けたかった。変人だと思われたくなかったのだ。

「だから、ペルを天国に返そうと思いました」

そう決めた日の夜、愛さんは皿に生前ペルが好きだった高級ドッグフードを盛り、こう祈った。

「ペル今までありがとう。もういいよ、私はもう大丈夫。だからお願い。天国に行ってね」

次の日の朝、ほの暖かかったワンルームの空気が冷たく澄み切って感じられた。

きっとペルが成仏したんだ、そう思った。

夜になって帰宅した愛さんは、玄関の惨状に驚いた。

ドアを開けると咳込むほどに強い獣臭が満ち、並べてあった靴が一つ残らずズタズタに引き裂かれている。

「ペルはチワワですよ。それなのに、厚い本革のブーツ、金属の留め金まで食いちぎられていて……」

住み慣れた部屋の空気も一変していた。

部屋の主である彼女が何を模様替えしたわけでもないのに、急にぴりぴりと張りつめたような居心地の悪さを覚えたという。

「今まで私と一緒にいてくれていたのは、本当にペルだったんでしょうか」

一途に寄り添っていてくれていた〈それ〉は今や、彼女を憎悪しているのだと、皮膚で感じたのだという。

「だから今、私は自分の家が一番怖いんです」

親がリストラされてから仕送りも滞りがちで、引っ越しする金銭的余裕はないと言って彼女はうつむいた。

ゲームの達人

アーケードゲーム好きのサラリーマン〈ノリさん〉が得意とするのは、UFOキャッチャーと呼ばれるクレーンゲーム。機械のアームを操作してケースの中の景品をつかみ、定められたポイントに落として入手するゲームである。

「アームの具合がゲーセンごとに違うけど、クセさえつかんだらこっちのもんだ」

ストラップから抱えるほど大きなぬいぐるみまで、〈よほど阿漕《あこぎ》な設定でなければ〉という条件付きではあるが、およそ取れない景品はないという。

出張のたびにノリさんは時間を作り、行く先々でゲームセンターを訪ねた。最初の百円一枚で景品を取るのはさすがに難しいので、数枚で様子を見てから、いけるようなら一気に勝負を仕掛けていたそうだ。

その日もノリさんは出張先でゲーセンを探していた。

現在位置から近いゲーセンを携帯で検索、マップに従って歩いていくと目当ての店は閉店していた。ネットの情報が古いまま更新されておらず、このように行ってみたら閉店していることもあるという。

散歩がてら商店街の突き当たりまで行ってみると、シャッターの下りた玩具店らしき空き家の横に、一台のクレーンゲーム機を見つけた。

四方をアクリル板で囲まれた筐体《きょうたい》の中に、カラフルなマスコットが山積みされている。それはノリさんの知らないキャラクターで、サイズは小玉スイカほど。愛嬌のある表情をした、球形のぬいぐるみだった。

「レアなプレミア物かもなと思ったら、やりたくなった」

こいつ、まだ稼働しているのか？　試しに百円玉を一枚投入すると、ゲーム機は点灯した。よっしゃあ、とノリさんは百円玉を鞄から出してゲームに取りかかった。

「せっかく良いポジションまで移動させた景品を、両替している間に他の奴に取られちゃったことがあったんでね。両替した百円玉をたくさん持ち歩くようにしていた」

このゲーム機がまた曲者《くせもの》だった。いかにも簡単に取れそうに見えながら、取り出し口に落とそうとすると景品が途中で落下してしまう。アームの握力を弱くしてあるのだろう、ここは腕の見せ所とノリさんは追加の百円玉を次々に投入した。

ボタンを長押しし、アームの調整に集中していると視界の端にちらちらと動くものがあった。誰かがノリさんのゲームを覗き込んでいるようだ。

アームの位置選択を終えてから視線をくれると、小学生くらいの子供が筐体の横から中を眺めているのだった。服や顔を泥んこにして、わんぱくそうな田舎の子だ。

「たとえ子供が待っていても、俺が一個とるまで譲る気は全くなかった」

先客は自分だ。金と手間暇をかけ、もう少しでゲットできる位置にまで景品を動かしてきたのだからと、ノリさんは覗く子供を後目《しりめ》に追加の百円玉をゲーム機に放りこんだ。

時間が経つにつれ、子供はノリさんの右側へ行ったり、左側へ回り込んだりとゲーム機の周りをうろちょろし始めた。どこから出しているのか、子供が茶色い泥をびちゃびちゃと辺りに振りまくので、ゲームに集中できなくなってきた。

投資額が二千円を越えた頃、ノリさんはすっかり意地になっていた。普段なら無理ゲーだと諦めて撤退するところだが、この日はどうしても景品を取らなければ気が済まなかった。

何度目かのチャレンジで、クレーンのアームは球形の景品をがっちりとつかんだ。垂直に引き上げられていくぬいぐるみ。

「やった！　頼むから落ちるなよ！」

アームに抱えられたぬいぐるみが、ゆっくりと景品口に運ばれていく。

振動でアームから振り落とされぬよう祈っている時、子供がノリさんの腰に抱き着いてきた。ベルトのバックルにかけられた、薄汚れた小さな手。

もう終わったから替わってやるよ。

そう言おうとして視線を下に向けると、しがみついている子供には首がなかった。

「首の断面に気管だか食道だかの穴がボコボコと開いてて、血管か何かわからない管もビロビロ垂れていて――」

あまりのことに叫ぼうとしたが、水の中にいるように息ができなくなっていた。

すとん。ころろ。景品が取り出し口に落ちたようだ。

あれほど取りたかったぬいぐるみだったが、もはやどうでも良くなっていた。

抱きつく子供の体がどんどん重くなって、ノリさんはゲーム機にもたれかかるようにして地面に倒れてしまった。

ちょうど獲得口の下、転がり落ちたぬいぐるみが見える。

綺麗だったぬいぐるみは泥にまみれて、リアルな造形の目鼻がついていた。何か茶色い液体でぐしょ濡れになった子供の顔。

　これ、泥じゃないんじゃないか。古くなって、茶色に変色した血液じゃないのか。

　そう思った時、鉄錆《てつさび》に似た濃厚な臭気が鼻腔《びこう》に満ちてノリさんは失神した。

「目が覚めたら、俺、店のわきの歩道にうつ伏せになって寝てたんだ」

　頬にめり込んだ砂をはらって見渡せば、周囲には子供の姿などなく、泥も落ちてはいない。ただ、シャッターを閉じた玩具店の横に、古ぼけたクレーンゲーム機が一つあるのみだった。透明だったゲーム機のアクリル板は無数についた傷で曇り、中は空っぽになっていた。

「白昼夢だったら良かったのに、あのゲーム機に貢いだ小銭が財布からしっかりなくなっていたんだよな」

　潰れた玩具店と首の取れた子供との関係については、ネットで検索してみたけれども該当する事件もなく、皆目わからなかった。

　そんな目に遭っても、ノリさんはゲームをやめていない。

「知ってる？　今、ネットでクレーンゲームできるんだ。便利な時代になったよなぁ」

　ノリさんは主戦場をネットに移し、ゲームライフを楽しんでいる。

お邪魔しました

心霊スポットツアーに参加した。古戦場S公園を皮切りに、祟りのS森、殺人事件現場S神社、女性が残忍に殺害されたB橋を巡り、〆《シメ》に関東最恐の呼び声も高いYホテルに向かう濃厚なコース。ツアーの参加者はみな通なマニアばかりで、死体遺棄現場で殺人事件のあらましを語り合うのはぞくぞくしたが、一つの怪異も起こらない。

〈つまんね、期待外れ★〉とSNSに自撮り画像を添付して投稿。

帰宅してドアを開けると廊下の奥に何かある。目を凝らせば、黒くて大きな人型の蝋燭《ろうそく》のようだ。どうしてうちにこんなものが置いてあるのか首を傾げていると、黒い蝋燭がゆらりと身を震わせた。困った。一晩であちこち回ったため、これがどこから来た誰で、どう謝れば良いかもわからない。

汗ばむ手で握るスマホから通知音が鳴った。画面を見れば、先ほどのSNS投稿に〈お前の後ろに黒い人がいる!〉というリプライが付いていていた。

四十九日

チアキさんと彼女の母親は長年、家の独裁者である祖母に苦しめられてきた。

「父の母、つまり私の祖母なんですが、ものすごく嫌なババアでしてねぇ」

元気な頃の祖母はチアキさん母娘をいびりぬいたという。

「嫁はともかく孫って普通、可愛いもんじゃないですか。あのババアは違ったんですよ。息子の血が入ってても、憎い女の子供だからババアは私も憎かったの」

熾烈《しれつ》な嫁姑戦争に巻き込まれた娘と、家庭の不破を仲裁もせずに仕事に逃げ込む父親。だが、そんな父親が過労死したことを機に、母娘と祖母の力関係は逆転した。

「何もかも祖母の言う通りにしないと許されない息苦しい家でしたけど、一人息子を亡くしてからババアはしょぼくれちゃって、ぐんぐん弱っていったんですよ」

愛息の急逝に気力を失ったのであろう祖母は、生活習慣病の悪化により寝たきりになった。床に就いた祖母を介護したのはチアキさんの母親である。

「バカだねぇ、いずれ弱って嫁に面倒をみてもらわなきゃならない癖に、威張《いば》り散らしやがってさ!」

母娘は寝付いた祖母の枕もとでそう言いあっては、今までの鬱憤《うっぷん》を晴らしたという。

「主に母がですが、ちゃんと看病はしましたよ。世間様から指をさされない程度には、ですけどね」

ついに祖母が亡くなると母娘は喜びを爆発させ、通夜のさなかに祝杯をあげた。

「あんな性格の人でしたから、悲しくなんてありませんでしたよ。嫌なババアがついにくたばったとしか思いませんでしたね」

祖母の死に際しても涙も出ない母娘であっても、近所への見栄もあって祖母にはグレードの高い葬式を出してやった。

その夜のことだった。

「キイヤーーーーアア!」

チアキさんは尋常ならぬ叫びに眠りを破られた。

「どうしたのっ、お母さん!!」

障子《しょうじ》を開け放つと、母親が腰を抜かしていた。

あうあうと言葉にならない悲鳴を上げながら、母親は布団から離れようと床を這っていく。

母親は何から逃げようとしているのか、見れば布団がこんもりと人型に盛り上がっている。

チアキさんが掛布団を剥ぐとそこに、白い和服を着た年寄りが寝ていた。

祖母だ。お棺に入れたはずの祖母がそこに寝ている。

チアキさんは自分の見た物が信じられず、目をしばたいた。

死んだはずの祖母が、胸の上で両手を組んで仰向けになっている。白い和服と見えたのは死装束ではないか。

「チャンとするのが面倒臭かったんで、お棺に入れる時に足袋の金具をいい加減に留めといたのまで、そっくりそのままの姿でババアが出たんです。がっつり焼いてやったはずなのにねぇ」

祖母の肉体はお骨になって瀬戸物に納まっているのだから、目の前にいるこれが祖母のはずがない。

「化けて出たのかっ、この糞《クソ》ババア‼」

廊下から箒《ほうき》を取って来て、チアキさんは祖母を布団から掃き転がそうとしたが、果たせなかった。白装束に突き立てた箒の穂先はあえなく宙を掻き、祖母に触れることはできないようだった。

「こっちが泣こうがわめこうが、そいつは目を開けて寝ているだけなんです。それで生きてる祖母じゃないってわかったんですよ。あのババアなら、私らに悪口を言わないわけないですから」

しかし、幻影だと思ったところで祖母の寝姿は和室から消えてくれない。

その夜からチアキさんは怯えた母親と一緒に寝ることにして、母の寝室は開かずの部屋として封印した。

「薄気味悪いけど、寝てるだけで物も食べなきゃあ糞もひりませんからね、生きてる時よりなんぼかましです。私は放っておきゃあいいと思ったんです」

チアキさんほどドライに割り切れなかったのか、母親はしばしば和室前の廊下に正座しては、祖母のために念仏を唱えていた。

「これが不思議で、障子の硝子《ガラス》のとこから見てると、念仏のたびに祖母が少しずつ浮いていったんです。母の念仏が効いてたんですかね」

身体を一切曲げず、すっ、すっと横になったまま浮いていくので、そんな祖母の姿は女を宙に浮かべる手品そっくりだったとチアキさんは言う。

「除霊？　お寺さんとか、神社に頼む気はなかったですよ。祖母がそんな風に迷っているなんて、家の恥になりますから」

母親の念仏のご利益か、ひと月も経つと祖母の姿は天井から下げた電燈の高さにまで上昇していた。

「母が町内会の旅行で何日か留守にしてたら、何センチくらいかなあ、祖母がまた下がってきちゃったんですよ。また畳に寝付かれちゃあたまらないんで、そんな日は私が母の代わりに念仏唱えてやりました」

念仏をさぼると少し下降する日もあったが、祖母は着々と上っていき、最終的には天井の板にめり込むようにして見えなくなった。

「それがちょうど、ババアが死んでから四十九日目のことでしたよ」

それきり祖母は姿を見せなくなったが、母親はめっきり信心深くなり、暇さえあれば神社仏閣を訪れるようになったという。

「どうせ出るなら祖母よりも、早くに死んだお父さんに出て来てほしかったですわぁ」

とチアキさんは笑った。

あべこべ

富田さんは、とある企業の中間管理職に就く、五十代半ばの男性である。

そんな彼から、変わった体験談を聞かせて貰った。


「最近じゃ珍しいと思うけど、うちの会社はいまでも社員旅行をやっているんだよ。まぁ、若手の社員は敬遠するから、参加者の平均年齢はだいぶ上がったけどね」

数年前の秋、山陰地方のとある温泉ホテルに社員旅行で訪れた。

一泊二日の小旅行で、富田さんを含め三十名ほどが参加したという。

日暮れまで温泉街をそぞろ歩き、ホテルに戻ると宴会が始まった。

だが宴会の途中、富田さんは会場を抜け出して、大浴場に出向くことにした。

「そこのホテル、露天風呂があるんだけど、交代制でね。時間別で男湯と女湯を切り替えるんだ。折角だから、露天風呂の方に行ってみようかと」

同僚も誘おうかと思ったが、宴会が盛り上がっていたのでやめておいた。

早速、脱衣所から露天風呂へと下りてみた。

野趣《やしゅ》溢れる岩風呂に、檜設《ひのきしつら》えの洗い場を備えた、なかなかに風雅な浴場である。

男湯に切り替わったばかりで、他に入浴客はいない。

富田さんは秋の夜空を見上げながら、ゆったりと温泉に浸かった。

ほどよく回った酔いも心地よく、疲労した心身がとき解《ほぐ》されていくようだった。

すると、「やだ〜　きゃはは」と、数人の女性の笑い声が聞こえてきたという。

明るく賑々しい、いかにも若い女性たちのはしゃぎ声だった。

——だが、聞こえるのは、ここの脱衣所からである。

〈えっ⁉〉

見ると、脱衣所の曇りガラスに、柔らかな肌色が映っていた。

それは明らかに女性のシルエットで、無防備に脱衣している姿が透けて見えている。

一気に、酔いが醒めた。

「もう、女の裸がどうとかじゃないんだよ。『まさか、時間が違うのか』って、血の気が引いて。いまどき『勘違いした』では許してくれないだろ。痴漢を疑われて、懲戒解雇……家族と住宅ローンのことが頭に浮かんでね」

慌てているうちに、脱衣所の引き戸が開いてしまった。
そして中から四、五人の娘たちが、〈きゃっ、きゃっ〉と騒ぎながら出てきた。
〈――もう、駄目だ〉と観念した。
が、娘たちは岩風呂を素通りして、まっすぐ洗い場へと向かっていく。
そして、白い尻を一列に並べて、シャワーで身体を流し始めた。
少なくとも、こちらに気づいている様子ではなかった。
いましかない――
富田さんは決死の覚悟で浴槽から上がると、足音を潜めて脱衣所へと進んだ。
そのまま一気に引き戸を開けて、脱衣所に滑り込む。
その間、呼び止められることはなかった。
助かった――と、ほっと胸を撫で下ろしたのも、束の間。
今度はホテルの通路側から、太った中年男性が三人、脱衣所に入ってきた。
〈えっ？　えっと、どうゆうことだ？〉
富田さんは混乱して、男たちに声を掛けることもできない。
男たちは手早く浴衣を脱ぐと、ずかずかと露天風呂へ行ってしまった。

――しかし、悲鳴は起こらなかった。

暫く待ってみたが、まったく騒動にならない。

「……おかしいな?」と、恐る恐る浴室を覗いてみる。

中年の男性客が、のんびりと湯船に浸かっているだけだった。

若い娘など、どこにもいなかったのである。


「なんだか、狐に化かされたみたいな気分でね。呆気に取られたまま、宴会場に戻ったんだよ。ひとりでいるのも、なんとなく心細くてね」

だが、先ほどの出来事を、誰かに話したいとは思わなかった。

俄《にわ》かに信じて貰えるとは思えなく、また同僚たちに変な目で見られるのも嫌だった。

手酌でちびちびやりながら、何度も風呂場で見た娘たちのことを思い出した。

やがて――真っ青な顔をした女性社員が、宴会場に駆け込んできた。

彼女は畳にへたり込むと、こんなことを言う。

「お風呂で、変なのを見た……きっと、お化けよ」

彼女を落ち着かせて、何があったのか詳しく話を聞いた。

つい先ほど、彼女はひとりで大浴場の湯船に浸かっていたのだという。

この時間、女湯は内風呂の大浴場が使われており、他に入浴客はいなかった。

すると突然、数人の若い裸の男たちが、大浴場に入ってきたそうだ。

〈私、時間を間違えたのかしら？〉と、彼女は風呂場から逃げ出したらしい。

慌てて廊下に出て、入り口の表示を確かめると「女湯」と書いてある。

〈ちょっとこれ、どうゆうことっ！〉と、怒鳴り込むと――

浴室には、誰もいなかったそうだ。


「他の社員は、彼女の話を面白がって聞いていたよ。まぁ、みんな酔っていたし、信じた様子ではなかったなぁ。ただ、私は『あべこべ』だって、妙に感心していたんだ。同じ時刻に、同じことが男湯と女湯で起こっていたんだって」

富田さんは、いまでも社員旅行に参加している。

不思議な体験はしたものの、いまはもう、気にもしていないらしい。

〈痴漢に間違われるほうが、よっぽど怖いから〉というのが理由だそうだ。

ガラパゴス

高級中古車のディーラーを営む吉田さんが、数年前に体験された話だ。

彼は掘り出し物の情報を受けると、日本中のどこにでも出張査定に出向いている。

「愛媛のとある農家で、希少なスポーツカーを所有されている方がいらっしゃると聞きつけまして。それで一度、拝見させて頂こうと思ったんです」

オーナー宅を訪問すると、四、五十代と思しき中年男性が迎えてくれた。

柔和な顔つきの、いかにも質朴とした男性だった。

早速、車を見せて貰い、情報通りの希少車であることを確認した。

聞くと、その車は男性の亡父が、ずいぶん昔に購入したものらしい。

幾らか乗り回した後で使うのをやめ、数十年間、納屋にしまわれていたそうだ。

車体には傷もなく、その他の部品も良好な状態で保管されていた。

「飛びつきましたね。『是非、お取り引きさせて頂きたい』って。元々、先方も売却する意向だったので、交渉は早めに片がつくとタカを括《くく》っていました」

だが、同席されていたお婆さんが「爺さんが大切にしていた車なのに」と、取引を渋り始めたという。そのため交渉が長引き、オーナーから「今晩中にお袋を説得するから」と言われ、契約は翌日に持ち越しとなった。

仕方なく、吉田さんは近くの旅館に宿を取り直し、明日また出直すことにした。

その晩のこと。

〈ざりっ……ざりっ……〉と、何かが擦れるような音で目を覚ました。

時刻は深夜二時。音は、旅館の廊下側から聞こえているようだった。

他の客が騒いでいるのかと思ったが、どうも様子が違う。

話し声は聞こえず、襖《ふすま》一枚を隔てた廊下で妙な音が鳴っているだけである。

〈一体、なんだ?〉と、少しだけ襖を開けた。

か細い黄桃色の照明に、ぼんやりと廊下が照らされている。

その薄暗闇の中を、こんもりとした形状の大きな影が蹲《うずくま》っていた。

目を細めて、影の正体を窺った。

巨大な亀だった。

両手で抱えきれないような巨大な陸亀が、廊下の床を這っていた。
〈ざっ……ざりっ……〉と、亀が動くたびに板敷きの床が擦れて鳴った。
思わず、「なんで、亀が?」と声が漏れた。
すると、亀の頭が〈ググッ〉と持ち上がり、ゆっくりとこちらを振り向いた。
——年老いた男性の顔だった。
白く疎《まば》らな眉に、シミだらけの皮膚。
深い皺《しわ》を刻んだ頬が、陸亀の首に繋がって引き伸ばされている。
古木の虚《うろ》のような口が黒々と開いているが、言葉は無かった。
「うわっ!」と悲鳴を上げ、慌てて襖を閉じた。
その後、一睡もせずに襖を押さえ続けることになった。
途中、何度か〈ざりっ〉という音を聞いたが、再び覗いてみる気にはなれなかった。
翌朝、早々に旅館を離れた吉田さんは、眠い目を擦りながらオーナー宅を再訪した。
できれば午前中に契約をまとめ、昼過ぎにキャリアカーで搬出したいと考えていた。
だが、昨日あれほど陽気だったオーナー男性の顔が、暗かった。

どことなく申し訳なさそうな、困惑した表情を浮かべていたという。

何かあったのかと聞くと、「直接、見て貰ったほうが……」と果樹園に案内された。

納屋の裏手にある、広い農作地だった。

言われるまま、ついて行くと――件のスポーツカーが、地面に突き刺さっていた。

「……暫く唖然としましたよ。聞いたらですね、その日の朝、オーナーが果樹園の見回りをしていて、車が穴に落ちているのを見つけたって言うんです」

穴は廃棄農作物を埋めるため、数日前に掘ったものだという。

その穴に車体の前半分が垂直に落ち込んでいて、リア側のナンバープレートは空を見上げてしまっていた。

「なぜ、こんなことに?」と聞いたが、誰がやったのか心当たりはないという。

第一、長年整備もされていない車を、どうやって運んだのかがわからなかった。

「でも、オーナーから『何とか、売れないか?』と頼まれたんです。それで、トラクターで車体を引き上げて貰って、泥を落としたんですけど……」

――再査定の途中、なぜか運転席から大きな亀の甲羅《こうら》が出てきた。

吉田さんは「あっ!」と、思わず声を上げたという。

見ると、オーナーや、その家族までもが顔色を失っていた。

〈昨日見た妙な亀と、何か関係があるな〉と察した吉田さんは、昨晩に自分がした体験を、皆に話して聞かせたという。

すると、オーナーが「申し訳ない。それはうちの親父です」と頭を下げた。

そして〈身内の恥を晒《さら》すようだが〉と、こんな話をしてくれた。


オーナーの父親は名前をTさんといい、若い頃に船乗りをしていたという。

船の甲板仕事を行う、いわゆる雇われ水夫として、世界の海を航海していたそうだ。

あるとき乗っていた商船が、ガラパゴス諸島のとある港に立ち寄った。

然《さ》したる取引がある訳ではなく、極めて短時間の停泊だったという。

その際、Tさんは現地の人から、一匹の大きなゾウガメを手に入れたらしい。

どのような経緯で、入手したのかはわからない。

どうやらTさんは、それを日本に持ち帰って飼育するつもりだったようである。

だが、気温の変化が良くなかったのか、日本に近づくにつれてゾウガメは餌を食べなくなり、みるみると衰弱していった。

〈このままでは死ぬな〉と考えた彼は、弱った亀を殺すことにした。

そして、調理師に頼んで肉を捌いてもらい、鍋にして仲間たちと食べたのだという。

手足や首は筋張っていて喰える代物ではなかったが、甲羅の内側の肉は存外に美味だったらしい。

空洞となった亀の甲羅は、記念としてTさんが持ち帰った。

そして、その航海を最後に船乗りを辞め、実家の農業を引き継ぐことにした。

更に時は過ぎ――

息子に農場を譲ったTさんは、晩年、奇行が目立つようになった。

特に家族が困ったのは、亀の甲羅を背負って生活するようになったことだ。

船乗りの頃に殺して食った、例のゾウガメの甲羅である。

みっともないので家族は止めるのだが、「体を鍛えているんだ」と耳を貸さない。

当然、近所の住人からは「亀仙人」と揶揄されるようになった。

そして昨年、Tさんは流行りの風邪を拗《こじ》らせて、あっさりと亡くなったのである。

「さすがに、気味が悪くなりましてね。それにオーナーが『収集癖のある親父だったから、車に未練があるのかも』って言うんですよ。そんな事情があるなら、契約は止めたほうがいいかと思いまして……」

吉田さんは、故人の遺志を尊重し、取り引きを中止することをオーナーに提案した。するとと驚いたことに、昨晩あれほど車の売却を渋っていたお婆さんが、「車を持って行って欲しい」と吉田さんに訴えた。

そして、息子であるオーナーに「タダでもいいから」と強く命じたという。

「結局、お取り引きをさせて頂くことにしたんです。査定額は下がりましたが、オーナーも了承されましたので。それで、その日のうちにキャリアカーで搬出したのですが」

Tさんの妻であるお婆さんが、どうして急に態度を変えたのかがわからなかった。

そこで彼は「お売り頂いて、宜しかったのですか?」と、彼女に訊ねてみたという。

——本当に情けない。モノに執着するあまり、畜生道に落ちるなんて……

お婆さんは両目を真っ赤に腫らしながら、悔しそうにそう呟いた。

件のスポーツカーは、修理した後、すぐに売ってしまったそうだ。

「いまでも、どこかのマニアが所有していると思いますよ」と、吉田さんは笑った。

銀行の駐車場

数年前、地方銀行に勤める斉藤さんが、とある支店に転勤したときの話だ。

同じ日にもうひとり、歳の近い先輩も異動してきたという。

「支店の人員補強で、二人とも同じ部署に配属されたんです。ただ当時、ちょうど住宅ローンのキャンペーンと重なっていたので、一週間だけ案内係に任命されまして」

要は、その期間中ロビーに立って、住宅ローンの宣伝をやるということである。

もっとも、今後のためにも地域のお客様とは顔馴染みになっておく必要があるので、ふたりは熱心に案内係を務めたそうだ。


ある日の昼下がり。

来店されたお客さんが、「責任者を呼んで頂戴っ！」と訴えてきた。

主婦らしい中年の女性で、少し興奮気味なのが見て取れる。

ひとまず女性を個室に通し、先輩とふたりで対応することにした。

「昨日うちの子が、ここの警備員に叩かれたんですけどっ！」

いきなり女性が、苛立たしげに声を張り上げた。

聞くと、どうやら彼女の息子が駐車場の警備員に殴られたらしい。

小学校から帰宅する途中のことで、他の生徒たちも目撃したのだという。

斉藤さんは「すぐに確認致します」と伝え、個室で少し待って頂くことにした。

「……でも、僕は銀行の警備員がそんなことをするのかって、疑ったんですよ。ただ、女性が細かく時間帯を説明していたこともあって」

ふたりで警備室に行って、指定された時間の防犯カメラの映像を出して貰った。

映像には銀行の駐車場と警備員、それに側道を通る小学生の列が映っている。

やがて、ひとりの子供が警備員に近寄っていった。

そして警備員に向かって、頭を何度も大きく前後させ始めたのだという。

「……これ、唾を飛ばしているよな」と、先輩が言う。

どんな理由かは知らないが、どうやら子供が警備員に唾を吐いているらしい。

最初は警備員も軽くあしらっている様子だったが、しまいには怒りだし、子供を追い駆けてカメラのフレーム外へと消えていった。

〈ああ、これは叩いたな……〉と確信した。

映像を見れば、子供にも非があるのは明らかだが、さすがに叩くのはマズい。

初日に取ったメモ帳を見ると、警備員は○○さんという名前の男性だった。

早速、ふたりは銀行裏の駐車場に行き、○○さんに声を掛けた。

すると彼は言い訳もせず、自分が子供の頬を張ったと素直に認めたという。

〈軽率だった〉と○○さんは、何度も繰り返し詫びた。

「ちょっと可哀想で。穏便に済ませられないかと、先輩と話したんですけど……でも、ふたりともまだ職場に馴染んでいなかったし、できることも限られていたので」

まずは上司に報告し、判断を仰ぐことにした。

だが、生憎とその日は上司が出張で、直接状況を説明することができない。

仕方なく、斉藤さんは女性に事情を説明し、「明日、こちらから連絡を差し上げます」と約束して、一旦お引き取り願うこととした。


翌日、出社してきた直属の上司に、昨日の経緯を報告した。

当初、穏やかだった上司の表情が、話が進むにつれて急激に険しくなっていく。

そして、報告の途中で「ちょっと待て」と話を遮った。

「……お前たち、何を言っている？」と、上司が睨む。

「いえ、ですから……謝罪は避けられない状況でして……」と先輩。

「そうじゃないっ！　何のことを言っているのかと、俺は聞いているんだっ！」

「ですからっ、駐車場の警備員も暴行を認めていますし」

「だ〜か〜らっ、うちの銀行のどこに駐車場があるんだっ？　ふざけているのか？」

「えっと、…………………はぁ？」

一瞬、上司が何を言っているのか、理解できなかった。

だが、「だったら、見てこいっ！」と怒鳴られ、ふたりで表に飛び出した。

そして、裏手に回ると――駐車場がなくなっていた。

通学路となる細い道路はあるのだが、その向こうには住宅が三棟、軒を連ねている。

〈そんな、馬鹿な……〉と、慌てて警備室に行ったが、「駐車場の映像なんてありませんよ。大体、駐車場がないいんだから」と鼻で笑われた。

「じゃあ、あの警備員は」と考えたが、なぜか名前と顔が思い出せない。

昨日、「〇〇さん」と呼んだ覚えはあるのだが、その「〇〇」が浮かんでこなかった。

メモ帳を見ると、持ち場の名称ごと警備員の名前が消えていた。

「まったく、訳がわからなくて……先輩も僕も、女性からクレームを受けたことは、きちんと覚えているんですよ。なのに、あの女性も二度と現れませんでしたし」

女性から聞いていた電話番号は、不通だったという。

その後、ふたりは散々上司に怒られ、暫く案内係を続けるように命じられた。

「どうやら、あの日にだけ銀行裏に駐車場があったみたいなんですよ。僕らふたりにとっては、ですけど……ただですね」

その事件が起こってから数日後、廊下で支店長に呼び止められた。

叱咤されるのかと身構えたが、どうやら様子が違う。

支店長は笑いながら、「災難だったな。まっ、気にするな」と励ましてくれた。

そして、声を潜めると、「あそこ、たまに駐車場ができるよな。私もときどき、この警備員に挨拶されるんだ」と教えてくれた。

残念なことに、斉藤さんはそれっきり駐車場を見ていない。

個人タクシー

先日、友人宅の引っ越しを手伝いに行き、夕飯を御馳走になった。

その折に、友人のお父さんである英二さんから、こんな話を聞かせて頂いた。


英二さんは、現役で個人タクシーの運転手をやっている。

個人営業の自由さもあり、〈長距離の客狙い〉で都内を巡回しているそうだ。

「自営だからノルマもないし、会社勤めのときよりもずっと気楽だよ。それに、上手く長距離の客に当たれば、一発で一日の稼ぎが足りるからね」

ある日、深夜に上野で客を拾い、中部地方のとある町まで運んだ帰りのことだ。

山道を下っている最中に尿意を催し、どこかに用を足せるところはないかと探した。

だが、町から遠く離れた県境の山道で、コンビニどころか人家さえ見掛けない。

〈適当な場所で済ませようか〉と考えた、その矢先。

ぽつんと灯った外灯の下に、トイレが置かれているのを見つけた。

工事現場で使われる仮設トイレのようだが、近くに現場は見当たらない。
取り敢えず路肩にタクシーを停め、仮設トイレに近づいてみた。
しかし、外観から探った限りでは、まともに使える状態だとは思えなかった。
「全体が少し傾いていたし……多分、業者が不法投棄したんだろうって」
〈まぁいいか〉と仮設トイレは無視し、少し離れた茂みに向かってジッパーを下げた。
壊れたトイレより、立ち小便の方がマシだと考えた。
そのとき〈すっ〉と、外灯の明かりに影が差した。
えっ、と横を振り向く。
仮設トイレが、自分の真横に立っていた。
〈パタン……パタン〉と、ひとりでに扉が開いて、また閉まる。
トイレの中は、真っ暗でなにも見えなかった。
英二さんはそのまま踵を返すと、タクシーに乗り込んで発進させた。
その間、まるで生きた心地がしなかったという。
仮設トイレがあった場所から遠ざかろうと、暫くタクシーを走らせた。

やがて人家が点々とし始めると、急に尿意がぶり返した。

さきほどは、放尿する前に逃げ出していた。

慌てて、ガードレールが途切れた空き地にタクシーを停めた。

なるべく手短に済ませようと、空き地の草むらに入り込む。

——草むらの中に、仮設トイレが立っていた。

「げぇ」と、思わず声が漏れる。

先刻見た仮設トイレと、まったく同じものに見えた。


さすがに小便どころではなく、再びタクシーに飛び乗った。

だが尿意も、すでにのっぴきならないところまで来ている。

何とか住宅街にまでタクシーを進めて、コンビニを探しまくった。

「だけど、いざ探してみると、これが中々見つからなくてね。できれば、人がいるコンビニか、ファミレスが良かったんだけど……」

ふと、住宅街の外れに児童公園を見つけた。

深夜にも関わらず、幾つかの外灯が点灯した明るい雰囲気の公園である。

何より、敷地内に設置されている公衆トイレが目を引いた。

「もう、かなり切羽詰まっていたからね。この際、ちゃんとしたトイレなら何でもいいかと思って。年甲斐もなく走って行ったんだよ……そしたらさ」

ひとつしかない個室のドアに〈故障中。使用禁止〉と張り紙がされていた。

男性用の小便器はない。

見れば、トイレの外壁に〈こちらを使って〉と、手書きの矢印が記されていた。

矢印をたどると、公衆トイレ脇の植え込みに、仮設トイレが置かれている。

――どうするか、迷った。

確信はないが、あの仮設トイレが再び追ってきたのではないかと疑った。

だがこれ以上、尿意を堪え続けるのも無理である。

仕方なく英二さんは、故障中の公衆トイレを無理矢理に使うことにした。

一旦、タクシーに水のペットボトルを取りに帰り、その後、個室に入った。

天井の豆球に、小さな和式便器がぼんやりと照らされているのが見える。

酷く薄暗い個室ではあったが、的を外すほどではなかった。

堪りかねて、一気に小便を放出した。

〈ほーーっ〉と息を吐き、予め用意していたペットボトルの水を流した。

すべてを済ませ、解放感に満たされて個室のドアを潜った。

が、その直後に段差で〈がくんっ〉と足を踏み外し、その場に倒れ込んでしまった。

咄嗟に、〈おかしい〉と思った。

個室に入るとき、段差などなかったはずだ。

――振り向いた視線の先に、あの仮設トイレが立っていた。

「えっ……そんなはずは」と、呆然とする彼の眼前で、ゆっくりとドアが開く。

床を伝って、〈ざぁっ〉と水が流れてきた。

まるで、さっき流した水を〈こんなものいらない〉と、突き返されたように感じた。

「もう、一目散に逃げたよ。だってさ、公衆トイレに入って、仮設トイレから出てくるなんてあり得ないから……あんなに怖い体験をしたのは、生まれて初めてだった」

あの仮設トイレが一体何だったのか、いまだにさっぱりわからない。

青目玉

先日、居酒屋で知り合った伊藤君に「些細なことですが」と、こんな相談をされた。

伊藤君には、同棲して一年になる彼女がいる。

とても仲の良いカップルで、お互い家事を分担しながら暮らしているそうだ。

「ただ、僕は仕事柄、帰りが遅くなるので、夕飯は彼女に用意して貰っているんです。その代わりに、朝食は僕が担当するんですけどね。それで、朝食の献立なんですけど、僕なりに決めていることがあるんです」

毎朝の食卓に、必ず一品、卵料理を添えることにしているそうだ。

栄養価が高く、安価な鶏卵は、若い彼らにとって重宝な食材なのである。

「僕も最近勉強して、毎日違う卵料理を作るようにしているんですよ。厚焼きとか、スクランブルエッグとか。もっとも彼女は、ご飯に生卵をかけるのが一番美味しいって、言っていましたけど」

ちょうど、一ヵ月前のことだ。

伊藤君は目玉焼きを作ろうと、熱したフライパンの上で卵を割った。

すると、落ちた卵の黄身が鮮明な青色をしていた。

「絵の具で言うと、アクアブルーに近い感じですかね。青と水色の中間の……で、珍しいので、彼女にも見せたんです。ちょっと驚かせてやろうと思って」

だが、彼女は別段怖がりもせず、「凄く綺麗ね」と興味を示した。

そして、その青い目玉焼きを食べてみたいと言い始めた。

「でも、僕は止めたんです。だって、鶏って変なものを食べると、卵に色がつくって言うじゃないですか。何が混ざっているかわからないし、やめたほうがいいって」

だが、彼女は伊藤君が止めるのも聞かず、目玉焼きをぺろりと平らげてしまった。

伊藤君は、はらはらしながら様子を見守っていたが、彼女は至って平然としている。

聞くと、味も匂いも、普通の目玉焼きと変わらなかったらしい。

「まぁ、この話はこれだけで、別段大したことは起こらないんですけど……ただ、その後、ひとつだけ気になることがあって……」

翌日から、彼女が朝食に目玉焼きを食べたがるようになった。

毎日では飽きるからと、伊藤君は目玉焼き以外の卵料理を作るのだが、彼女は『私は目玉焼きが食べたいのっ！』と声を荒げるのだという。

そして、彼が作った卵料理には手をつけず、自分で目玉焼きを焼き始めるのである。

「だからって、彼女と別れたりする理由にはならないのですが……でも、奇妙な卵を食べたからって、料理の好みや、性格までが変わってしまうなんてこと、あり得るんですかね？」

そう質問されたが、どう答えたらいいのかわからなかった。

因《ちな》みに彼女とは、年内に籍を入れる約束をしているそうだ。

確かに三年前の梅雨の頃でしたけどね。ふらりと初見のお客さんがいらっしゃったんですよ。まだ三十手前の若い女の人でした。割とカタい会社に勤めていると仰ってましたけどね。

店が暇だったこともあって、なんとはなしに仕事の愚痴《ぐち》を聞くような形になりました。ええ、それはもういつものことなので気にもならないんですけれど、なにか対人関係で悩んでらっしゃるようで「マスター、本音と建て前ってどっちが大事なのかな」って仰るんです。難しいお話はできませんから「その時々だと思います」って返事したんですよ。

するとその方がナプキンを広げられて、ここになんでもいいから書けっていうんです。わたしは『おつかれさまです』って書きました。すると暫く見つめてらっしゃるんです。その様子がちょっと気になったのと、見つめている時間が長かったんで、そんなに難しい言葉じゃないし、字が汚くて読めないのかなって思ったところ、にっこり大きく頷かれて出て行かれたんです。

それから三月《みつき》ほどしてちょっと珍しく忙しい晩に、その方がいらっしゃった。見るとひどく疲れてる様子でしたから、また愚痴を聞いて欲しかったんでしょうね。

でも、その時は正直、ちょっとめんどくさいなって思って放っておいたんです。そのうちに彼女のほうもイライラしてきたんでしょうね。こっちに近寄ってきました。

文句のひとつでも云われるだろうなと思っていたら、またナプキンです。なんか書いてというので余計に面倒になってしまいましてね。「もう少ししたら手が空きますから。ちょっと待っててくださいね。ごめんなさいね」と云ったら、どうしても書けっていうんです。

仕方ねえなと思ってナプキンに『おかえりなさい』って書いたら、また同じように眺めて、それからキッとして金を叩きつけるように置くと出て行っちゃった。他の客もポカンとしてましたよ。

で、それから忘れた頃に、またその方がやってきたんです。「この前はごめんなさい」って云うんで、こっちも失礼しましたって云いました。すると彼女、「あの時、マスター、あたしのこと面倒臭い女だと心底、思ってたでしょ」って云うんです。図星だったのと、そんな失礼なこと「そうです」とも云えないんで黙ってしまいました。困ったなというのが顔にも出てたんでしょうね。そしたら彼女「大丈夫。もう慣れっこだから」って。

話を聞くと中学の頃、ふと友だちのノートを見ると、書かれていた文字が動き出して別の文字になったんだそうです。〈エツコシネ〉って。エツコっていうのはその方の名前だそうですが、以来、彼女は何かの拍子に相手の本音が字で見えるようになったんだそうです。

話の途中でわたしはまた恥ずかしくなっちゃいましたけどね。「あの時も?」って聞くと、頷かれていました。

でも、帰りがけに「マスター、気にしなくて良いよ。初めての時には〈疲れてるんだな。元気になってほしいな〉って優しい言葉が浮かんでいたから」って云ってくれましたから。

そんな人もいましたっけね。

鏡

　変なところに鏡があるでしょ。そうです。この後ろの酒棚に掛けるようにしてね。細長い鏡が。これね〈お守り〉なんです。ちょっと困ったことがあって知り合いのお坊さんに相談したら、こうしておけって云われたんですよ。

　三年ぐらい前のことですが、若い奴らが店に顔を出すようになりましてね。ええ、大学生で、仲のいい三人組で。勿論、成人です。明るいし楽しい奴らだったんですがね。ある時、いつもよりずっと遅い時間に来たんです。店じまいをしかけてた、深夜三時にもなろうかって頃です。

　見ると三人組のひとりがいない。どうしたんだって聞いたら「具合を悪くしてる」って云うんです。でもあまりに様子がおかしいので問い詰めると、店に来る前に廃墟に行ってきたって云うんです。いわゆる心霊スポットってやつですよね。

　なんかえらく遠くのダムの側にあるところだったそうで。で、何があったのかというと、三人目を置いてきちゃったんだそうです。大変じゃないかって云ったら「電話で連絡がついたから平気だ」って云いながら、ふたりが見合わせて妙な感じなんですよ。そうしたらいきなりその子の携帯が鳴り出した。電話に出た後、その子の顔色が真っ青になっちゃって。「今からあいつが来る」っていうんです。あいつっていうのは心霊スポットだかに置き去りにした三人目のことですよ。夜中だし電車もタクシーもないようなところからどうやってくるんだって、思わず云いましたけどね。奴ら震え上がりちゃって。

そして電話を切ってほんのすぐです。ドアがトントンと叩かれたんです。バーのドアを叩いて入る客はいませんからね。私もゾッとしました。

でも開けずにいたんです。客であれば入ってくるでしょうし。そしたら突然、若い奴のひとりがドアを見たまま絶叫して、そのまま白目を剥いて倒れちゃって。はじめて目の前で人が失神するところを見ましたけれど、糸が切れた人形みたいでしたね。

で、なにがあったかって、白い布みたいなものがドアの壁との隙間、蝶番のある側の隙間からにじり出てきていた。隙間っていったってドアは閉まったままなんですけど。

そんなの見たことなかったんで、びっくりしました。その白い布みたいなものが、店の中に入ってくるごとに、だんだん人の形になってくる目を見張ってると、もうひとりの若い奴がいきなり立ち上がって叫んだんです。「オカダ！」って。

その瞬間、店の中が真っ暗になりまして、気がつくとひっくり返ってる若いのも含め、店にいた三人がみんな、店の外にいました。どうしてそうなったのか、わからないですね。そのままふたりは帰して、わたしは店じまいをしたんですが。

翌日、気持ちが悪いんで、開店前に知り合いのお坊さんのところに行って御札を貰ってきたんですが、ドアに貼るんじゃ客商売として問題がある。それで近所の古いママに相談したら、何かが入って来た蝶番のあたりから鏡を使って見える場所に目だたないように貼ればって。

それで酒瓶の後ろの鏡なんですよ。鏡に映る壁の隅の方に――目立たないでしょ？　うまく貼ってあるでしょ。三人組の若い奴ですか？　さあ、あれから姿を見せませんので、どうなったかはわかりませんねえ。

雨漏り

たいした話じゃありませんが、昔の常連で亡くなった人がいるんです。

奥さんと別れてひとり暮らししていたんですけれど、心筋梗塞だったらしくて――たったひとりで部屋に倒れているところを発見されました。死んだのが夏でね。亡くなって暫くした頃。夜も更けた時分に、店にたまたま集まった常連メンバーが彼の話を始めたんです。

外は月がぽっかり浮かんでるような夜でね。

最初のうちは偲《しの》んでいるっていう雰囲気だったんですが、そのうちに酒も入ってることもあって「あんな莫迦なことをした」とか「こんな莫迦なこともした」みたいな話になりましてね……。

そうしたらいきなり、大きな水の塊《かたまり》がカウンターの上で弾けたんです。飛沫がかかるほどの水滴が落ちてきたんです。

みんな一斉に黙りこんでしまって。ええ、天井を見上げましたよ。当然ですが、水漏れなどまったくないんです。「二階からじゃないの？」と誰かがぽそりと言いましたけどね。

みんな息を詰めたようになっていたのですが、場の空気を取りなすように誰かが声を上げたんです。「あの莫迦。あの世でも寝しょんべんしてんのか」ってね。そうしたら、トイレから〈おああああああ〉って男のむせび泣くような声がしましてね。

ひとりがいきなり「帰るよ」って札を置いたら、雪崩《なだれ》を打ったかのようにみんな帰ってしまいました。

わたしもさすがに店にひとりでいられなくって、その夜は鍵だけ掛けて家に帰りました。レジも締めず、後始末もせずにね。あんなことは初めてでしたよ。

居抜き

前に働いていた店での話なんですが。なんだか売り上げが悪くなった時期がありましてね。原因はわからなかったんですけど、オーナーがそれを店のグレードに客層があっていないんだ、とか、場所が悪いんだ、とか外っかわのせいにばかりしましてね。愚痴ばっかり云ってたんです。

そうしたらある日、偉い霊能力者に貰ったっていう御札や魔よけみたいなものを店内に貼り始めたんです。それもそこら中にね。客は変な顔をするし、わたしだって嫌だったんですけれど、云ったところでと思ってそのままにしておいたんです

するとそのうちに変な客ばっかり集まるようになっちゃって。やたらと絡んでくるとか呑み代を踏み倒すのとか、怪しげな外国人の女を連れたのとか、そんなのばっかり。つまり来て欲しくない客が来るようになってしまったんです。

当時、私は週に二日の勤務でしたけど他のバーテンが嫌がりましてね。それで遂にオーナーに直訴です。オーナーのやっていることはおかしいです、と。

云われてオーナーも目が覚めたかと思いきや、「すべては御札のせいだ」とか叫びながら、店内に貼ってあった御札や魔よけなど全部引き剥がしだした。それらを手で丸めると床に叩きつけ、足で踏み付けたんです。何度も何度も。

そうしたら急に大きな悲鳴を上げましてね。倒れたんです。両足の先を手で押さえながら、身体を丸めて床をのた打ち回る。捻挫でもしたのかと靴を脱がせると、革靴の中に血があふれて靴下がぐしょぐしょになってるんです。

慌てて靴下を脱がせて驚きました。踵《かかと》の真ん中が抉《えぐ》れるように穴が削れてるんです。両足ともです。大きな鑿《のみ》で彫ったみたいにね。

勿論、鑿なんてもの、床に落ちてませんよ。店はそれから三月《みつき》ほどで潰れました。

繁盛鬼

　これはこの世界の先輩から聞いた話ですけどね。ビルの三階よりも上だとか、場所がずいぶんと悪い場所に店を出さなくちゃならない場合、〈鬼〉を入れる人がいるんだそうです。

　先輩が雇われていた店もそうだったとか。九階建の雑居ビルの六階にあったんです。どうみても流行る場所じゃなくて、何ヶ月もほとんど閑古鳥《かんこどり》状態だったとか。するとオーナーが「〈鬼〉を入れるから」ってある日、山伏みたいな人を連れてきたそうです。テレビとかで見るような扮装の男性で、ご祈祷みたいなことをしてもらったそうです。先輩は祈祷しているところは見せて貰えなかったそうですが、その後すぐに、お客さんがどんどん来るようになったそうです。先輩は、本当にあんな人がいるんだって驚いちゃって。

　でも気になるのは、鬼が店にいるってこと。仕事をしていても、なにかの拍子に「鬼がいる」と思ってしまうものだから、なんとも居心地の悪い感じだったとか。

山伏に云われてオーナーが守っていたのが、月に一度ある〈鬼の日〉。その日は店を休みにして、値段の高い日本酒とナスの古漬けだけをカウンターに置いておくのだそうです。用意をするのはいつもの開店時間。そして店を閉めて帰ると翌日にはきれいになくなっている。

ある月の〈鬼の日〉に、オーナーがどうしても外せない用事があって店に行けない。ということで先輩が用意を頼まれたそうです。いつもの開店時間に行って、日本酒をグラスに入れて皿に盛ったナスの古漬けとともにカウンターに置く。

先輩はそこまで用意をした後、ちょっとだけ鍵をかけずに店を出たんです。一階のコンビニにゴミ袋を買いに出ただけなんだけど、魔の悪いことにその間に、たまたま常連客がひとりやってきていた。

先輩が戻って来たとき、その客は店の前の廊下でぶっ倒れていたんです、顎が血塗れで。すぐに目を覚ましたその客は目をまんまるにして「マスター、どうなってるの？扉開けたら物凄い獣の臭いとギュウギュウの人が店の中にいたよ。なにかやってるの？」と云う。もちろん店には誰もいないですよ。貧血起こして倒れるときに幻でも見たんじゃないですか？　その時に顎をぶつけたんでしょう、と言い包めるようにして病院行きのタクシーに乗せた。

でも客は、ドアを開けたら何者かに顎の下をグッと押されて、「堕ちるぞ」と囁かれたんだと、ぱっくり裂けた顎をタオルで押さえながら先輩に訴えていたそうです。その後、客の顎は、指で真ん中を押さえられたような〈ケツ顎〉になってしまってたそうですが。

先輩はしばらくその店に勤めていたけれど、居心地の悪い感じが増してきたような気がして別の店に変わってしまった。でも、その店はまだあるはずですよ。

もうしん

Uさんの話である。ときどき深夜に妙な音が聞こえる。そういいだしたのは彼の妻であった。「妙な音って？」「音っていうか声かもしれない。もうし？　もうしん？何回も聞こえるねん」「……気のせいやろ。もしもまた聞こえたら、オレおこしてや」冗談と思ったが顔が真剣だったので、Uさんはそういって妻を安心させようとした。

その夜、Uさんは「おきてや。聞こえるねん」とおこされた。

耳をすますと微《かす》かだが、確かに甲高《かんだか》い音が仏間から聞こえる。ネズミでもいるのかとUさんはひとりで仏間に近づいていった。そっと仏間ふすまを開け、すばやく壁にある電気のスイッチを押す。仏壇の前に白い影が正座をしていた。目と鼻と口の箇所に、ぽっかりと穴が開いている。影はなにかをブツブツとつぶやいていた。

「もうし、もうし、もうしん、もうしん、もうしん、もうしん、もうしぬ、もう死ぬ」

完全に聞きとれた瞬間、白い影はふっと消えた。

関係があるのかないのか数日後、入院していた叔父が亡くなったそうだ。

メール

一年前に海水事故で亡くなった友人からメールが届いた。

〈さびしい　おまえもこい〉

Jさんは怖がらず（誰がこんなことを）と腹が立った。故人の携帯から悪戯《いたずら》をした者がいるのだ。だが、そんなことをしそうな人物が思い浮かばない。

とにかく犯人はいま現在、友人の携帯を持っているはずだと電話をかけた。

すると番号が使われていない旨のメッセージが流れてきた。

（いったいどういうことだ？）と不思議に思っている最中、またメールが届く。

〈おれをしんじて　おねがい　ほんと　さびしい〉

激怒したJさんが〈嫌だ　バカ〉と返信すると、すぐにメールがきた。

〈わかった　うみで　つかまえる　まってる〉

以来、Jさんは海に近づかないようにしている。

なかよし日記

私が喫茶店で取材相手を待っていると、スーツ姿で彼は現れた。挨拶を交わし注文したアイスコーヒーがくるまで雑談をする。感じの良い男性だったが、取材をはじめると顔から笑みが消えたのが強く印象に残った。

大学に通っているときに「聞いた話」だと彼はいう。人物名を変え、どこの地域かわからないようにするのを条件に、男性は静かに語りはじめた。


彼が通っていた大学にミズキさんという女性がいた。

彼女は入学をきっかけに寮での生活をはじめた。寡黙で大人しい性格だったミズキさんは入学した当初、なかなかまわりの子たちとは打ち解けず、ほとんどひとりで行動していたようだ。

寮とはいっても個室を与えられているので、家具や小物を好きに選ぶことができる。まわりの学生の話によると学園生活がはじまった当初、ひとりで彼女が買い物をしているところを目撃することがあったらしい。

そのようすは楽しそうで、どこにでもいる普通の女子だったという。

あるときからミズキさんは三名の友人たちと行動するようになっていた。ユイさん、マイさん、カナさんである。ミズキさんと同期で、もともと同じ高校出身の三人組だったらしい。いつしかミズキさんも仲間にいれてもらったようだった。いつも誰かの聞き手役になるミズキさんと三人は気があったのか、どこにいくのもなにをするのも四人一緒になっていたそうだ。

あるとき構内のベンチで四人がおしゃべりを楽しんでいるとユイさんが、

「あ！　カイがくるよ！」

そういって、彼女たちのほうに近づいてくる男子を指さした。

「よう、お前ら久しぶりー。最近なにしてるの？」

「真面目にしてるよ。カイくんみたいにチャラチャラしてないもーん」

カイと呼ばれるその男子は「誰がチャラチャラしてるって」とユイさんにゲンコツをするフリをした。彼女の「きゃー」という甲高い声にマイさんとカナさんが笑う。

「ん？　誰、この子？」

「あ、カイは逢ったことなかった？　ミズキっていうのよ。可愛いでしょ」

ミズキさんが「初めまして」と挨拶をすると彼は会釈した。

カイさんは彼女たちよりひとつ年上だった。飲み会で三人と知りあったのだが、ふざけるのが好きな彼は、その席でも騒いで泥酔していたらしい。

どちらかというと派手な服装の三人と一緒にいる地味なミズキさんは、カイさんにとって逆に目立っていたようだ。彼女がひとりで構内にいるときも、みかけるたびに話しかけるようになった。

そのうちカイさんからの告白でミズキさんは彼と交際をすることになった。

初めて彼氏ができたことを報告すると三人は「よかったね！」と自分のことのように喜んでくれたそうだ。

ところが付きあって間もなく、彼女に対して嫌がらせがはじまった。

靴のなかに画鋲《がびょう》をいれられたり、私物がなくなったりする。ミズキさんにはその原因がわかっていた。

カイさんである。ひょうきんな彼は学内でもわりと人気者で女性からもモテていた。

恋人であるミズキさんを妬《ねた》む者がコソコソと隠れて陰湿なことを行っていたのだ。

放っておけばおさまるだろうとミズキさんは思っていた。

しかし、嫌がらせはエスカレートしていった。

寮の部屋にも誰かが勝手にはいった形跡がある。

部屋の前に生ゴミが置かれている。

買ったばかりの靴が汚物にまみれていることもあった。

ミズキさんはそれを彼にはいえず、親友である三人に泣きながら相談した。

「ひっどーい！　いったい誰がそんなことを」

「やっかみだから、タチ悪いよね！　ホントむかつく！」

「絶対許せないよ！　そうだ、私たちでなんとか犯人を捕まえられないかしら」

彼女たちが親身になって怒り、慰めてくれるのがミズキさんの救いだった。

イジメはおさまらず、日に日に酷くなっていく。

なにかある度にミズキさんは三人に相談をした。

彼女たちも犯人を捕まえようとしたが何人か心当たりがあるものの、犯行現場を押さえることができないと悔しがっていた。

そのころになると、ミズキさんは大学でカイさんを避けるようになっていた。(彼と一緒にいるところを、できるだけみられないようにしよう)と思っていたようだ。

これ以上、嫌がらせを悪化させたくなかったのだろう。


その日、授業が終わるとすばやく大学をでてバイトにむかった。

寮にもどると部屋の前に歪な形をした大きなダンボール箱が置かれていた。

実家の両親が定期的に送ってくれる、彼女の好きなお菓子や食料がはいった仕送りだった。土足で蹴られたのか、くっきりと靴跡がついたダンボール箱は原形をとどめていない。そのうえ、なにか液体をかけられたようで、ぐっしょりと濡れていた。

「酷い……どうしてこんなことを……」

ダンボールの前で座りこんで泣くミズキさんを隣の学生が目撃していた。

その学生は犯人を知っていた。

彼女に同情したのだろう——次の日、その子は嫌がらせをしている犯人をミズキさんに教えたようだ。

部屋で首を吊っているミズキさんが発見されたのは、その翌日の夕方であった。

葬儀のあと、しばらく経ってカイさんは大学を辞めてしまった。

なにをしていてもミズキさんを思いだしてしまいやりきれなかった。なにより、彼女が自殺するまで追いこまれるようなイジメにあっていたことに気づかなかった自分が許せなかった。

それでもひとり暮らしだったカイさんは、アルバイトをしながら暮らしていた。

ある日、カイさんがマンションにもどるとポストに大きな封筒がはいっていた。妙に揺れて読みにくい字だったが、宛名は書かれていない。不思議に思いながら部屋で封筒の口を破った。なかには一冊のノートがあった。

ペラペラとめくると、すぐに日記であることがわかった。不思議に思いながら軽く目を通すと――それはどうやらあの三人組のひとり、マイさんのものであることがわかった。

（マイちゃん、どうして日記なんか送ってきたんだ？）

手紙でもないかと封筒をもう一度のぞいたが他にはなにもない。カイさんは首を捻りながらも、とにかく読んでみることにした。日記は連日のこともあれば、何日か飛んでいることもあった。日々のなんでもない出来事が綴られている。

八月五日
今日はユイとカナとミズキの四人で海に行った。みんなＮＩＣＥ《ナイス》スタイルなビキニなのにミズキだけスクール水着っぽくてカワユイ！　でも、ちょっと笑った！

「ミズキ……」

彼女の名前が書かれているのをみて、カイさんのページをめくる手が止まった。
マイちゃんはこれをオレにみせたかったんだな、とカイさんは思った。ミズキさんとの思い出を共有させてもらえるのが嬉しく、彼は日記を読んでいった。

十月六日

最近よく、ミズキがカイくんと一緒にいる気がする。怪しいゾ。まさかね。
十月七日
ユイとカナとで駅前の新しいカフェにGO。トルコアイス超美味しかった！
十月九日
超びっくり！　カイくんとミズキが付きあうことになった。私もユイもカナもさしおいて、あの田舎者が！　もう反応に困って思わず喜んだフリしちゃったよ。カイくんもあんな子のどこがいいのか理解不能ってカンジ。だんだん腹が立ってきたわい！
十月十四日
ユイが「ミズキなんかムカつかね？」と言ってくれた。すぐにカナも激しく同意。やっぱウチら親友だわ。激烈に以心伝心バリバリ最強！
十月十五日
ユイがミズキのペンケースをとってきた。「それどうするの？」と聞くと「捨てるの。ウザイから」と答えた。なるほど。確かにあの子はウザイのでなっとく。でも面白いのはユイにペンを借りにきたこと（笑）
十月十六日

カナが食べたおにぎりの袋とかゴミをミズキのカバンに詰めこむ。昨日はペンケースをなくしたから今日は増えてないとおかしいよね。三歩進んで二歩さがる（意味フ）
十月十七日
明日は靴に画鋲を入れてあげよう！　刺さりますように！
十月十八日
ブスッと画鋲ブスに命中！　しかし出血すくなめ！　もっと長い錆びたクギでも入れておけば良かったと後悔。私もまだまだだなあ。でもそのあと「誰かに嫌がらせされてるの」と泣きながら相談してくる。よりによって私たちに相談って（笑）ユイは「ひっどーい！」とかやたら演技派。私が「ホントむかつく！」と続けるとカナが「絶対許せないよ！」で犯人探そうとか言いだす始末。ミズキ、ウルウルの目で「ありがとう、でも平気だから」だってさ！　私たちマジでアカデミー賞ばりの演技力。ヤバい。これはなんだか楽しくなってきたぞ！
十月二十一日
今日も三人でミズキのために色々やってあげた。毎日充実！
十月二十八日

ミズキの寮の子のお金がなくなったらしい。多分、犯人はカナ（笑）だけど、せっかくだからミズキがやったかもってウワサばらまいておいた。プププ。

十一月四日
ウワサすげー広まった！　ミズキ完全に孤立状態。世論は厳しいのう！

十一月八日
ミズキを慰める会をまた開催。もう何回目かわからん！

十一月十六日
ミズキのバイト先に行って三人で楽しむ。会計のとき「安くして」って頼んだらメチャ困ってた（笑）てか、私たちが行ってあげてるんだから無料にしろよな。バカ。

十一月十八日
カイくんが「ミズキ知らない？」って聞いてきた。「知らない」って答える当たり前の無情！　ユイがカイくんを露骨に誘ってた。案外イケるんじゃないの（笑）

十一月十九日
夜、カイくんにバッタリ。ふたりになるのは初めてだったけどミズキの話ばっかりでなんかムカつく。腹いせに明日またミズキの靴に犬のウンをつけてあげよう！

十一月二十日
ミズキは本当に頭が悪い。フツー気づくだろ、こんなに近くに犯人がいるのに。あの子が手で顔を押さえて泣いているとき、マイが変な顔してフザケすぎ。笑いこらえるのマジ大変。
十一月二十一日
今日は四人でハンバーガーを食べに行った。ミズキがトイレに行っている隙を見計らって、カナがミズキの飲み物にツバをたっぷり投入。超ウケる！
十一月三十日
カナの住んでいる寮の部屋に遊びに行った。ミズキの部屋の前を通ったとき、寮長が荷物を置いていた。田舎の親からだ。ミズキのくせに仕送りとか生意気すぎ！　いつまでも親に甘えるなっつーの。三人でキックしまくったぜ！　音がうるさかったのか隣の子がドア開けてビビりながら見ていた。睨みつけたらあわててドアを閉める根性なし（笑）そしてさらにペットボトルの水も吐きかけてあげるこのサプライズ！　バイトから帰ってアレみたら、また明日慰めなきゃ。そろそろ、それも面倒くさくなってきたんですけど！

十二月一日
今日ついにミズキが私たちに気づいた。水にはいっていた唾液をDNA鑑定でもしたのかな？　と思ったら誰かが教えたっぽい。たぶん隣の部屋の子だろうけどユイもカナも私も演技するのに飽きていたから全然OKって感じだった。「正解！　おめでとう！」って三人で拍手したら、ポカンとしてる顔がマヌケすぎてGood。「どうして？　信じてたんだよ」って泣きだしたから、今までやったことぜーんぶ教えてあげた。カイくんと付きあったこともちゃんと生意気だって言っておいたから、もしかしたら、これで別れるかも。落ちこむなバカミズキ。明日は明日の風が吹くぜ！
十二月二日
ミズキが自殺した。死体を見つけた人、びっくりしただろうなあ。もし自分だったらとか、考えただけで、んー、キモッ（笑）
十二月三日
仲の良い先生とカイくんと私たち三人でミズキのソーシキに行った。冗談抜きであの子の田舎マジ遠すぎ！　親も最後まで甘やかしすぎじゃねーの？　ソーシキくらいもっと近くでやれよなあ。先生もカイくんもボーゼンとしてた。でもミズキパパの涙にはもらい泣きしたわ。親よりもはやく死んじゃ駄目だろってカンジ。ミズキママが話しかけてきて「イジメの犯人……」って言葉聞いたときはドッキリ。でもその続きは「イジメの犯人、あなたたちが捕まえようとしてくれたって、ミズキから電話で聞いていています。本当にいい子たちだって。あの子と仲良くしてくれて、ありがとう」だってさ。全然気づいてないあたりが、さすがミズキママ。帰ってから爆笑した。明日カイくんに会ったら三人で慰めてあげなきゃ！


ここまで読んだカイさんは呆然とした。

彼女を死に追いやったのは、仲が良かったあの三人組――。どうして自分は気づいてやれなかったのか、事実を知ったミズキさんはどういう心境だったのだろうか。カイさんは「ミズキ……ミズキ、ごめん……」とその場で泣き崩れてしまった。

しかし、すぐに疑問がわいてくる。マイさんは、なぜこれを自分に送ってきたのか。

(もしかしたら罪の告白をしたかったのか)

ページの先にその理由が書かれている気がして、日記を読み進めることにした。

また長いあいだ、なにもおこらない日常が続いていたが――。

五月二日

GW到来！　明日から実家に帰る。ユイとカナは帰らないみたい。私たち地元であんまトモダチいないんだよなー。あのふたり帰らなかったらやることないし。親とか特に会いたくもないから、なんかダリー。

五月六日

GWがやっと終わった。予想通り実家に帰ってもマジでやることなかったわ。連休終わって逆にやっと帰ってこれたってカンジ。そういえば久しぶりに会ったユイがなんか変だった。まわりキョロキョロ見てキョドー不審。ストレス社会か？

五月九日

ユイが死んじゃったよ（泣）ガードレールをまたいで道路を渡ろうとして車にはねられた。即死だったって。あの子、むかしからちょっとオッチョコチョイなトコあったもん。カナと一緒にソーシキで大泣きした。でも帰りに食べたトンコツラーメンとチャーハンは美味しかった。カナなんか大盛りにしちゃうんだもん、そりゃ太るわ。帰りに美味しかったねーって話したあと、ウチら二人でユイのぶんまで生きようって

約束した。さよならユイ、天国で幸せになってね（涙）

五月十一日

今日カラオケの帰りに駅で電車を待ってたら反対側のホームにいる子がジッと私を見ていた。どこかで見たことがある子だけど、誰だったか思いだせない。

五月十三日

歩いていると、ぞくって寒気がした。なんだったんだろう？

五月十四日

バーガーショップでぼーっと外を眺めていたら、道のむこうにこっちを見て立っている子がいるのに気づいた。駅で見た子だ。キモイなあ。レズのストーカーか？　知ってる人っぽいんだけどなあ。ホント誰だっけ？

思いだした。あの子、ミズキだ。

五月十六日

今日もミズキを見た。

五月十七日

またミズキを見た。すれ違った。間違いなくミズキだった。

五月十八日

またミズキ。死んだと思ったのに、なんで？　なんで？

月　日

ミズキを三回も見た。どうしよう、カナに相談しなきゃ。ふざけるな、なにしに出てきてるんだよ、ミズキのくせにビビらせやがって。大人しく死んでろよな。お前が自分で勝手に首吊ったんだろ、人のせいにしてんじゃねえぞ、クソ女が。

月　日

ミズキに会った。笑ってた。こわい。

月　日

まわりをちゃんと見てないと、ミズキが近づいてくるから。どこにいたって気が休まらないよ、もうヤダあ。今日もついてきたから走って逃げた。うしろから来ていたはずのミズキが、なぜか道の先にいる。角を曲がってもミズキがいる。ミズキ、ミズキ、ミズキ、ミズキがいる。こわいミズキ。歩道橋をあがろうとしたらミズキが立って見下ろしていたからすぐ階段をおりたのに、むこうからミズキが近づいてきた。逃げようとしてガードレールをこえて、道路を渡ろうとしたら車にひかれそうになった。そのガードレール、花束がいっぱい。思いだした、ここ、ユイが死んだガードレール。わかった、ユイが車にひかれた理由。こわい。だれかたすけて、こわい。

月　日

だれかが部屋をノックした

月　日

へやのドアがひとりでにゆっくり開く　すぐにしめた

五月二十二日

ミズ　キ　どこにで　もいる　こ　わい

い　ま　わたし　にっき　書いて　る　みずき　いる　うし　ろ

封筒に書かれていたのと同じ、揺れる字体で日記は終わっていた。

すぐにカイさんは仲の良かった友人に電話をして事実を確認した。書かれてある通り、ユイさんは事故で亡くなっていたが、さらに友人は驚くことを口にした。

「マイちゃんも死んだよ。住んでいるマンションから飛び降りて」

カイさんは手から力が抜けて、持っていた日記を床に落としてしまった。

「……いつだよ？」

「二十二日だから、二日前だな。どうなってるんだ、あいつら？　ガッコーでみんなウワサしてるんだぞ。自殺した子の呪いだとかなんとか。ちょっとオレも怖いよ」

二十二日は日記に書かれていた最後の日付だった。マイさんは亡くなる寸前にこの日記を書いて、封筒にいれて送ってきたことになる。それがいったいなにを意味するのか見当もつかなかった。

日記のようすから察してマイさんはかなり心を病んでいたようにも思える。もしくは死んだミズキさんが本当にもどってきて彼女たちに復讐しているのか。だとするなら、ターゲットはもうひとりいるはずだとカイさんは気づいた。

「カナちゃんは？　あの子はどうしてるんだ」

「休んで寮にいる。みんな心配しているよ。でも、誰が訪ねていっても」

鍵をかけた自分の部屋から全然でてこないんだってさ――。

そのあとカイさんは日記の内容を確かめてまわった。

ミズキさんのとなりの部屋にいた学生だけでなく他の証言も聞くことができて、日記に書かれていた彼女たち三人がやったことはすべて事実であることがわかった。

しかし、それをカイさんは警察や大学に伝えることはなかった。

理由はユイさんとマイさんだけでなく、部屋に閉じこもっていたカナさんの番もちゃんとやってきたからだ。日記が届いた数日後、原因不明の出火によって寮は火事になった。閉じこもっていたカナさんだけが逃げ遅れてしまい、煙にまかれ一酸化中毒で亡くなったという。


男性は喫茶店の窓の外を眺めながら、なにかを思いだしているようだった。

私は渡された日記を彼にかえして尋ねてみた。

「あなたは、ミズキさんの彼氏だったカイさん本人ですね？」

話は証言を寄せ集めたように断片的だったが、カイさんのくだりはあまりにもハッキリしていたからだ。彼はそれに答えず日記をカバンにいれて逆に質問してきた。

「ミズキ、どうしてオレもつれていってくれなかったんでしょう？　オレが原因なんだから、誰よりも憎んでくれていいのに。オレだけが当事者で生き残ったんです」

すこし困ったあと私は「好きだったからじゃないですかね」と答えた。
カイさんは寂しそうに笑って、また外を眺めた。

延々

となりの空き部屋は、深夜になると会話が漏れてきたという。

ふたりの男性の声だ。

住んでから引っ越すまで例外なく毎夜であった。

それが次の内容である。

「それで、おまえ。いったい本当はなにがしたかったんだ?」「ですから、私には死んだ家族がいまして。特に母親がうるさいんですよ」「うるさいって、とっくに死んでいるんだろ? どういうことだ」「母親の母親も実の息子に殺されたと私にいうのです」「祖母もか。では、血筋なんだな」「そういうことです」「ということは、あれか。将来結婚するおまえの嫁もおまえの子どもに殺されるということか」『そうなるでしょうね。だから私はもう仕方がなかったと思っているんですよ」「なるほど」「わかって頂けましたか」「うん、それで、おまえ。いったい本当はなにがしたかったんだ?」「ですから、私には死んだ家族がいまして。特に母親が……」

同じ内容を繰りかえす会話は一晩中聞こえてきた。
だが完全に同じではなく、咳きこんだりするときもあるそうだ。
となりでは以前、自殺騒動があったが亡くなったのはひとり暮らしの女性らしく、
それがより意味をわからなくしている話である。

魔除け

Mさんの友人から聞いた話である。心霊写真を撮った翌日から、Mさんは悪夢に悩まされていたそうだ。

写真に写っていた青白い手が暗闇から、ぬうっと伸びて彼の首を掴もうとする夢だ。

デジカメのデータは消したので写真自体はもう存在しない。

それ以上どう対処すればいいのかわからなかったので、Mさんは困り果てていた。

ある夜、インターホンが鳴ったので応答すると、自分のことを霊能者と名乗る中年女性が立っていた。女性はたまたまMさんの家の前を通りがかっただけだという。

「家の周囲に手が飛びまわっています。魔除けの置物を飾ったほうがいいです」

翌日、押入れにいれていた沖縄土産のシーサーをふたつ、門に置いてみた。

効きめがあったのか、Mさんは悪夢をみなくなった。

それから数年後。大きな地震があって間もなくMさんは亡くなった。

突然死としか聞かされず具体的な死因はわからなかったが、家にいくと門が倒れており、魔除けのシーサーも粉々になっていたという話である。

蜘蛛の巣

取引先にいる、仲の良い受付嬢が話してくれた。

営業部にサエコというアラサーの女性がいたのだという。仕事もそこそこにこなし愛想も良く、オジさん受けのする娘だった。

習い事が好きで、一度ハマるととことんやるタイプ。料理、アロマオイル、石鹸作り、かな習字など、新しいことを始めるとわかりやすく盛り上がるので、何にハマっているかみんなわかるそうだ。そして、だいたい三か月の周期で熱が冷めるらしい。

そんなサエコが今度はウクレレにハマったようだ。高価なウクレレを買ったと言って会社に持ってくるし、嬉しそうにハワイアンを口ずさんでいる。帰りに教室に寄るのだと言っていた。

サエコが部長と不倫していたのがわかったのはつい先日のこと。教室というのは、ハワイアン好きな部長とホテルに行って教えてもらうことだったらしい。

ハワイアンなんて興味はなかったが、部長とそういう仲になってウクレレを勧められてからは面白くなった。それに、独り暮らしのワンルームの窓辺に、毎朝小さな蜘蛛が巣を張るものだから、と妙なことを言う。

ある朝、蜘蛛が巣を張っていた。朝の蜘蛛は殺してはいけない迷信があったなと思い、小さく歪《いびつ》に張られた巣を崩して蜘蛛は外に逃がした。でも、翌朝またも同じところに歪な巣が張られている。部屋で湧いているように思えないし、窓も開けていないし隙間もない。元々、虫は怖くないし、今は幸せ一杯なので気にもせず、巣を崩しては外に逃がす。

毎晩家に帰ったら、ウクレレの練習をしていた。やればやるだけ少しずつ上手になっているのが、自分でも実感できてうれしい。部長にもびっくりされている。

そんな折、朝になったら張られている蜘蛛の巣が、だんだんと綺麗な円を描き出したのに気がついたのは二月《ふたつき》も経った頃だ。

これは、自分の腕が上がっているのと同じように、蜘蛛も巣を張るスキルを上げているに違いない。俄然《がぜん》、練習に気合が入った。毎朝、巣を壊されて外に出されても、蜘蛛は翌朝に新たな綺麗な円の巣を張り直す。

それからしばらくして、部長の態度が急変した。サエコさんは徹底的に無視されることになった。ラインは拒否されるし、メールをしても返事は来ない。電話もつながらなかった。会社で話しかけようにも、その隙すらサエコには見せない。

なんなんだアイツ。言い寄って来たのは向こうなのに、なんで私がこんな目に遇わされなくちゃならないんだ。いらいらしながら、夜の部屋でめちゃくちゃにウクレレをかきならす。

翌朝、窓辺の蜘蛛の巣を見たサエコはハッとした。いつもは綺麗な円を描いている蜘蛛の巣なのに、その朝の巣は、ひと目見て〈狂ったように怒る女の顔〉が糸で描き出されていた。

ああアイツ、奥さんにばれたんだ。

急激に熱が冷めた。部長にもウクレレにも興味がなくなったサエコは、すぐに転職先を見つけてさっさと辞めてしまったという。

でも社内で噂になっちゃって。サエコが辞めた後、部長は別部署に異動、いまは飼い殺し状態。サエコは相変わらず新しいお習いごとにハマっているらしいし。

受付嬢は面白そうに、くくく、と笑った。

目札

バーのカウンターに座っていた女性が話してくれた。

友人に、リョウコという三〇歳を超えたぐらいの女性がいる。会社の同僚と参加した飲み会で、彼女はひとりの男性に一目ぼれをしてしまったのだという。

ところが、一緒に参加した同僚の女性も、その男性に好意を寄せていた。どちらが相手に想いを打ち明けるかなどと言っているうちに、同僚の女性は男性と付き合い出してしまった。

裏切り者と怒り狂ったのはリョウコである。理不尽な怒りではあるのだけれど、結婚願望が強い時期でもあり、その男性を運命だと密かに確信していたのである。

明るい未来は考えられない。心のうちに渦巻くのは女への怨み嫉みばかり。復讐の術を考えた末、ネットで藁《わら》人形を手に入れた。そして作法に則り、近所の神社の社裏の樹にこっそりと打ちつけ始めた。七日の間、毎夜丑三つ時に神社裏へとひっそり足を運ぶ。

いよいよ満願のその夜、向かった社裏の樹には、いままで打ちつけていた藁人形はなかった。代わりに「樹木に傷をつけるべからず」と書かれた半紙がガムテープで留めてある。

つまり、満願叶わずである。

またも怒ったリョウコは翌朝、社務所に向かうとその神社の御札《おふだ》やお守りを片っ端から買い込んだ。それらを、腹いせとばかりに切って刻んで破いて折りまげて裂いた。そして、燃やすのも甘いわ、とトイレに流してしまった。

なんとなくそれで溜飲が下がったような気がしたのだか、二、三日もしないうちに左目が酷く痛み、目蓋《まぶた》が大きく腫れてきた。慌てて医者に診察してもらうと、眼球の裏に異物が入っているという。

日を改めて手術をしたが、異物が入り込んでいる場所がよくなく、思いのほか面倒なことになった。摘出されたものは、丁寧に折り曲げられた御札と木片であったという。

リョウコの左目は随分なダメージを受け、何年か後に失明して義眼にしたという。

話をしてくれた女性が帰った後、そういえば彼女、薄暗いバーなのに色のついた眼鏡をしていたなと気がついた。マスターは、私に向かって軽く自分の左目を突くような素振りをすると、カウンターに残る彼女のグラスを片付けた。

ドアポストから

サトウさんのお母さんが体験した昔の話とのこと。

ユミコさんは大学を卒業した後、地元から出て都内で就職し、ひとり暮らしを始めた。

初任給も少なく親からの仕送りもなかったので、たまたま見つかった家賃の安い物件に決めた。路地の奥まったところの二階建てコーポの１Ｋ、築年数が経っていたがリフォームはされている。一階の一番奥の部屋だった。

職場へ乗り換えなしで行ける路線にあること、女性専用であるというのもよかった。大家の家の敷地内に建てられているので目の前に大家が住んでいるが、初めてのひとり暮らしでむしろ心強かった。

家具も電化製品も必要最小限だが、基本は仕事に行っているので気にはならない。日々の業務に疲れ果てて、帰って来るとすぐ眠る、という生活が始まった。

ある夜中のこと。急に目が覚めた。なんだろうこんなことなかったなあと、思っているうちに目が冴えてくる。それと同時に、誰かに見られている気がしてならなくなった。

起き上がると玄関に目をやった。ドアポストが開いていて誰かが覗いているのが見えた。

びっくりして起き上がった。電気を点け携帯電話を握り締め玄関に近づくと、すでにポストは閉まっている。耳を澄ますが人が立ち去った気配はない。ドアを開けるのが憚《はばか》られ、かといって警察に電話するのもどうかと思い、そのまま息を殺して朝を迎えた。

次の夜はドアポストに紙とガムテープで目張りをしてみた。しかしまたも夜中に目が覚める。ドアを見ると目張りが剥がれ、誰かが覗いている。三日も続くとさすがに気持ちが悪くなり、大家に訴えた。大家はすぐに部屋を替えてくれるという。二つ手前の部屋が丁度空いているのだ。

荷物が少ないし、週末で休みだったこともありすぐに移動した。覗きは止んだかに思ったが、十日もするとまた同じことが始まった。ユミコさんは、警察に相談しましょうと大家に再び訴えにいった。

大家が申し訳なさそうに話をしてくれた。

実はずいぶん前のことだけど、一番端の部屋では女性が自殺をしているんです。その女性はちょっと病んでいて、死ぬ前に切り落とした自分の指を、同じ階の部屋のドアポストに一本ずつ投げ込んでいったんです。

そのせいかしらねえ、と首を捻《ひね》った。ユミコさんはすぐに次を見つけて引っ越したという。

旅のお守り

アクセサリーのデザイナーであるマユさんが話してくれた。

二十年ほど前、この仕事をやりはじめた頃、すごく気に入って手に入れたトルコ石があったの。特別、トルコ石が好きってわけじゃなかったんだけど、その石は黒い筋のない、快晴の空のような明るいブルーをしていて。

アメリカのアリゾナのスリーピング・ビューティー鉱山から出たもので、一般的に入手可能なナチュラル・トルコ石としては最高品質。素晴らしく綺麗なマーキスカボション・カットのルースで、しかも完全な未処理石。たぶん二〇カラットくらいあった。

スリーピング・ビューティー鉱山が二〇一二年に閉山して以降は、その鉱山からの石はなかなか見かけなくなったけど、当時はまだ採掘されていたし、そんな大きくて良質な石もまだ出回っていたのよ。かなり頑張って買って、自分用にペンダント・トップに加工したの。

気に入って毎日つけていたんだけど、いつの間にか見当たらなくなって。どこかに仕舞い込んだのかな、と思っていた。

そうしたらある日、ゴルフから帰ってきた父親が嬉しそうに「これ、マユに似合いそうだから拾ってきた」って、そのペンダントを出してきたのでびっくり。どう見ても私の作ったトルコ石のペンダント。私の作品だという刻印がしてあるから間違えようがない。車のキーをポケットに入れる時に置いてあったペンダントも一緒に入れちゃったのがゴルフ場でたまたま落ちて、それをたまたま拾ったのだろう。そう言って家族で納得した。

それからまたしばらく身につけていたのだけれど、ある時、やっぱり見当たらなくなって。仕事も忙しかったし、さほど気にもしていなかったんだけど、その夜、出張から戻って来た父親が「旅館で風呂入って浴衣に着替えて、宴会のあと部屋に戻ったらあった。マユのだと思って持って帰ってきた」と、またそれを――。

今回はさすがに、なんでそんなところで見つかったのかわからない。お父さんのところに行きたがるね、と笑って話をしていたの。

それからしばらくして、父親の病気がわかって入院することになった。それまで病気なんてしたことがなかった人だから、まさかという感じだったわ。でも完治を信じて毎日、病院にそのペンダントをつけて行っていた。父親がペンダントを見ると「俺に懐いている石だよな」と嬉しそうに話をするからね。

ある日、病院に着いて気がつくと、ペンダントが胸元から無くなっていたの。家を出るときにつけたのは確かだし、電車に乗る前もちゃんとあったのは見ている。引っかけて落したら分かるはずだし、構造的に自然には落ちないように造ってある。だいぶ探したけれど、結局出てこなかった。

その翌日、父親が亡くなった。

ああ、今度こそお父さんが持っていったな、もう出てこないな、と思った。

トルコ石は、旅人を守ると信じられていて、旅立つ人に持たせる国があるのよ。あれを持って旅立ってくれたのなら、まぁ安心だわ、と父親の死に諦めもついたのよ。

めのこ

目にまつわる話がもうひとつある。地方の老舗の薬屋が実家だというヤスミさんから聞いた。

彼の家では家族それぞれに持たされている物があるという。それは小さな碁石大の平らに磨かれた石で〈めのこ〉と呼んでいる。小さな縮緬《ちりめん》だか綸子《りんず》だかの手作りの袋に納められ、大事にしなさいと言われていた。

目の疾病が多い家系なのだという。ヤスミさん自身は小さな頃からよく「ものもらい」に罹《かか》っていた。そんな時、祖母や母親がヤスミさんの〈めのこ〉を持ってくると、床の間の柱をゴシゴシこする。そして「柱の神さま目を直してください」と唱える。それでも治らない時は、中庭にある井戸の蓋を半分だけ開けて〈めのこ〉を握った手を差し入れ「井戸の神さま、全部見たければ目を直してください」と唱えて蓋を急いで閉める。

柱の神さまにお願いするより、井戸の神さまにお願いした方が良く効いたという。

ものもらいが治ったら、約束通りに〈めのこ〉を井戸の中に見せてお礼を言う。

幼少の頃。遊びに来ていた従弟とふたり、それぞれ持たされている〈めのこ〉を小袋から出して遊んでいた。おはじき遊びのように、それぞれを畳の上で滑らせてはぶつけていたのだが、ヤスミさんの〈めのこ〉が、従弟のモノに勢いよく当たり庭に弾き出してしまった。

あ、痛い。従弟が目を押さえて苦しみ出した。大変大変と大人を呼びに行って訳を言うヤスミさんは大いに怒られるとともに、目医者へと二人して連れて行かれた。

結局、従弟の眼は水晶体だかが破裂していて、失明してしまった。庭に弾き出された彼の〈めのこ〉は庭石に当たって砕けてしまっていた。ヤスミさんの眼は何ともなかったが、右目の白目の部分に赤い血の塊《かたまり》のようなものが出来ていて、それは今も消えていない。彼の〈めのこ〉には、小さな傷がついていたという。

〈めのこ〉は〈眼の小〉。おまえの小さな眼、代わりになるものだから大事にしなくてはいけないのだよ、と祖父に言い含められたという。

実家の薬問屋はもう閉めてしまったんですけどね、薬屋が言うような話じゃないですよね、こういうの。

彼が今も〈めのこ〉を身につけているのかは笑って教えてくれなかったが、ヤスミさんはそう言った。

縄張り

大阪の吹田市に友人夫婦が引っ越したというので、島田さんは新居拝見も兼ねて遊びに行った。

二人が越したのは住宅街の一角に建つマンションである。近隣に駐車場が無かったため、島田さんは乗ってきた車をその近くに路駐した。

そこから歩いて一分程度。西洋風のなかなか洒落《しゃれ》たマンションだ。

島田さんが訪ねると、二人は歓迎してくれた。最後に会ってから一年近く経つこともあり、話に花が咲いた。気が付けばもう午後十一時に近い。島田さんは礼を言って友人宅を後にした。

エントランスを出て、路駐した車に向かって歩き出す。

隣には別の建物があり、その二つの間には小さな自転車置き場がある。明かりがないのでそこは真っ暗だ。

ふと、その自転車置き場の奥で何かが動いたような気がして、そちらの方に目をやった。そこに見えたのは人の姿だった。暗いのでよく分からないが、下を向いて何かを探しているようだ。

あんな暗いところで明かりも持たずに探し物が見つかるのだろうか。そう思いながら、彼が通り過ぎようとしたところで、人影がこちらを向いたのが見えた。目が合った。途端にスタスタとこちらに向かって歩いてくる。

手伝って欲しいのかと島田さんは立ち止まったのだが、彼はすぐにそれを後悔した。自転車置き場から出てきたそれは、バサバサの髪を振り乱した背中の曲がった黒装束の老婆だった。その皺《しわ》くちゃの顔は、目はつり上がり、真一文字に結ばれた口は異様に大きい。

それは道路に出てくるや否や、さっと右手を上げ、口を開けて何か叫んだ。左右に裂けた口からは不揃いの茶色く変色した乱杭歯《らんくいば》が覗いている。そして振り上げたその右手に握られているのは大ぶりの鉈《なた》だ。

あまりの衝撃に、島田さんの口から思わず漏れた吐息が奇妙な音を出す。彼は車に向かって全力で走り出した。直後に後ろから人の声とは思えないザラザラした叫びが上がる。思わず振り返ると、老婆がその皺に刻まれた顔をぐちゃぐちゃに歪め、すぐ後ろにまで迫ってきている。足を動かしているようには見えなかったが、その足元を確かめている余裕などない。そこから島田さんは一切振り返らず、一気に車に走り寄り、乗り込むと同時にエンジンを掛けて急発進させた。

十分ほど住宅街の狭い道をめちゃくちゃに走らせた後、恐る恐るバックミラーを確認する。老婆の姿はどこにも無い。無事に逃げられたようだ。だがまだ安心はできない。またいつあの老婆が出て来ないとも限らない。結果的には特に何事もなく自宅に帰り着けたのだが、恐怖心を抑えての車の運転に彼は疲れ果ててしまい、翌日は一日寝込んでしまったのだという。

それは島田さんのこれまでの人生の中で、最も恐ろしい出来事の一つとなった。

それから五年が経った。

その夜、島田さんは付き合っていた彼女と夕食を取った後、彼女を自宅に送り届けるため、大阪の新御堂筋という道路を車で走っていた。

この道路は大阪市と箕面市を結ぶ大きな幹線道路で、昼間の交通量は全国屈指と言われるほどだが、今は間もなく日付も変わろうという頃だ。そんな時間ともなると走る車もまばらである。

彼女と世間話をしながら南から北へと快調に車を飛ばす。やがて車は江坂を、そして祝橋を通り過ぎた。

ふと、歩道に並んでいる木々の一本に目が行った。木の横に人がいる。腰を曲げ、身に纏《まと》っているのは黒い着物だろうか。それを認めた瞬間、五年前のあの出来事が蘇った。

「あの婆さんや！」

ぞっとして慌てて目を逸らしたが、遅かった。彼が視線を動かすより一瞬早く、老婆がこちらに向いたのだ。

「見付かった！」

そう彼が思ったのとほぼ同時に、老婆は車に向かって突進してきた。大きく掲げた右手には鉈。裂けた口を大きく開き、地面を滑るようにして車の前に飛び出してくる。

「うおっ！」

島田さんは思わず唸《うな》って急ブレーキを踏んだ。

助手席の彼女も小さく悲鳴を上げる。

車は大きなスリップ痕を道路に残して急停車した。

危うく事故を起こすところだった。島田さんも彼女も怪我はない。周囲を見回して老婆の姿がどこにもないことを確認し、島田さんはほっと胸を撫でおろした。

ただ、彼女には老婆の姿が見えなかったらしく、急停車した理由を説明するのが大変だったという。


さて、最初に老婆と出会った友人の住む吹田市のマンションと、二度目に遭遇した新御堂筋のあの場所とは、車なら十五分から二十分ほどの距離である。

五年の間隔を置いて二度も出会ってしまったあの老婆。ということは、あの老婆には一定の行動範囲があり、そこを常に動き回っているのではないか。島田さんはそう考えている。

あれ以来、今のところは出会ってはいないが、その地域を通る際は、あの老婆とまた出くわすのではないかと島田さんは今でもびくびくしてしまうのだそうだ。

自然の摂理

その日、仕事を終えた野間さんは車を運転していつもの山道を家へと急いでいた。紅葉の時期もとっくに過ぎ、日ごとに厳しさを増す寒さの中、夜の山は静かに闇に沈んでいる。

他に走っている車も無く、野間さんの車は何度もカーブを曲がりながら峠道を上っていた。

とあるカーブに差し掛かった時、ヘッドライトが奇妙なものを捉えた。大きな木の根元に二人の幼い子供が並んで座っている。どちらも男の子のようだ。二人は仲良く寄り添い、じっと俯《うつむ》いている。おやと思って慌ててそちらに目をやったが、それが見えたのはほんの一瞬のことで、車がカーブを曲がるにつれてヘッドライトの光が移動すると二人の姿は闇に包まれて見えなくなってしまった。

真っ暗な夜の山道にそんな子供がいるはずもない。幽霊でも見てしまったのだろうか。そう思うと野間さんは、今の子供が何なのか確かめてみたくなった。

今ならまだすぐに戻れる距離だ。ブレーキを踏むと、野間さんはギアをバックに入れた。

すぐに先ほどの場所にまで戻ることができた。バックのままカーブを曲がり、子供がいた辺りにヘッドライトが当たるよう車を動かして停める。

いた。先程と同じ位置に並んでじっと座っている。だがそれは子供ではない。二匹の獣だ。一匹は狐、もう一匹は猫だろうか。二匹はお互いの体をぴたりと密着させてそこでじっとしている。こんな獣がどうして人間の男の子に見えたのか。狐と猫という取り合わせも何とも奇妙だ。そもそもこの二匹は一体何をしているのだろう。

野間さんは静かに車を降りて、そちらの方へそっと近付いていった。すぐに逃げられるかとも思ったが、意外にも二匹は逃げる素振りすら見せない。見ると狐の方が猫の首の辺りをぺろぺろと舐めている。

更に近付く。そうして野間さんは思わずあっと声を上げてしまった。

猫は首の辺りに大きな傷を負っていた。その傷から溢れる真っ赤な血を狐は無心に舐めているのだ。猫はそれが気持ちいいのか、目を細めて首を差し出している。見ていると、狐は血を舐めるだけではなく、たまに首筋に齧りついて小さな肉片を食べたりもするのだが、猫の恍惚とした表情は変わらない。

その異様な光景に野間さんは思わず近くに落ちていた棒切れを手に取ると、狐を強く突いた。狐は慌てて後退り、歯向かうようにこちらを睨みつけたが、すぐに夜の闇の中に逃げ去った。

猫を見ると瀕死《ひんし》ではあるがまだ息はある。野間さんは車のトランクにあった段ボール箱を潰して後部座席に敷き、その上に猫を寝かせた。急いで車を走らせる。動物病院に連れて行ってやらないと。

ところがしばらく走って落ち着いてくると、野間さんは自分のやっていることが馬鹿馬鹿しく思えてきた。後部座席に乗せたのはただの野良猫である。最初、子供のように見えたためか、まるで人間のように扱ってしまったが、野良猫である以上、死のうが生きようが自分には関係ないではないか。それにあの傷ではもう助かるまい。

野間さんは車を停めて、後部座席に横たわる猫を確認した。死んでいた。

やっぱりな。野間さんはそう思いながら、猫の死骸をどう処分するか考えた。その辺に捨てて行けばいいのだろうが、それでは何だか後味が悪い。もともと死んでいたならともかく、生きた状態で車に乗せて、そこで死んだのである。スコップも何も所持していないので、埋めてやることはできないが、少しでもそれに代わる方法で葬っておきたい。

野間さんは猫の死骸を積んだまま、捨て場所を探して普段通らない道を走り続けた。二十分ほど行くと、どこかの建設会社の廃材置き場があった。野間さんは段ボールに猫を包むと、材木と材木の間の僅かな隙間に突っ込み、そっと手を合わせてから足早にその場を後にした。

二日後は日曜だった。昼間、野間さんが家でくつろいでいると、玄関のチャイムが鳴った。出ると知らない男が立っている。がっしりとした体格で、ぼさぼさ頭に無精ひげを生やし、くたびれて薄汚れたコートを羽織っている。みすぼらしい。

「どなたですか?」

野間さんが聞くと男は急に顔をニヤニヤさせて、たどたどしい口調で言った。

「あなたネエ、私のトモダチをどこやったのですかネェエ?」

おかしな訛《なま》りがある。外国人かもしれない。

「何のことですか? 人違いじゃないですか?」

そう答えると、今度はゲラゲラ笑い出し、友達をどこへやったのかと同じ調子で聞いた。気味が悪くなった野間さんは、男を放っておいて家に入ろうとした。すると、男は急に真顔になり、先ほどまでとは打って変わった胴間声でこう言った。

「消えゆく命に最後の祝福を与えている時にお前はその邪魔をした。その罪、軽くはないぞ」

その豹変ぶりに驚いて呆然と見ている野間さんを尻目に、男は踵を返して歩き去ってしまった。

男の姿が見えなくなって、野間さんが玄関に戻ると、上がり框にあの時の猫の死骸が打ち捨てられていた。

それは今死んだばかりのように、首の傷から血を滴らせ、カッと見開いたその二つの目で野間さんを睨みつけていた。

幽霊が出る車

四十年ほど前の話である。

金城さんは、大学の仲間たちと一緒に、五人で真夜中のドライブに出掛けた。目的地は特に決めていないが、なるべく寂しいところへということで、近くの山の方に向かったのである。

車は彼が最近購入した中古車だ。おしゃれなCMが受けて人気を博していた車種で、色は白、2ドアの五人乗り。三年落ちで、既に持ち主は何人か変わっている。

半年前に免許を取った彼が早く自分の車を持ちたいとあちこち探していたところ、幼い頃から彼のことを可愛がってくれていた、近所に住む柴田さんという男性が購入を持ち掛けてきたものだ。その車は柴田さん自身が四か月ほど前に親戚から買ったものだという。

柴田さんの提示した額は破格の安値だったが、それでも貧乏学生の彼にとってはすぐに出せる金額ではない。しかし、実際に見てみると、何人もの所有者を経てきたとは思えないほど状態は綺麗で、乗り心地もすこぶる良かった。それだけでも欲しくなるのだが、何よりも金城さんの購入意欲を掻き立てたのは、柴田さんの一言だ。

「この車な、出るんだよ、幽霊が」

驚いて金城さんが聞き返すと、彼は得意気にこの車の来歴を教えてくれた。

最初の持ち主は県外に住む若い女性だったそうだ。彼女は柴田さんが言うところのいわゆる「車キチガイ」、つまり大の車好きだったという。この車が発売されてすぐに新車で購入した彼女であるが、ほどなくしてドライブ中に事故を起こし、死んでしまった。それがどんな事故だったのかまでは分からない。その後、彼女が乗っていた車は修理され、遺族によって他人に格安で売られたらしい。ところが新しい持ち主も僅か数か月でこの車を知人に譲ってしまった。その際に、この車は幽霊が出るという話をしていたようだ。買った人もそれを知りつつ購入したということである。そうして、新しい持ち主も数か月後には「幽霊が出る車」として、別の人に安く譲っている。

そんな風にこの車は短期間に次から次へと、その来歴とともに様々な人の手を渡り歩いているのである。柴田さんの前の持ち主である彼の親戚も、勤務する会社の取引先の人から「幽霊が出る車」と聞かされた上で購入したとのことだった。

「でな、この車のこれまでの持ち主はみんな見てるんだよ、幽霊を。出るのは最初の持ち主の女らしい」

「柴田さんは見たの、幽霊を？」

「ああ、見たよ、もちろん」

彼は自慢げにそう言っただけで、詳しいことは一切教えてくれなかった。

金城さんは元々車が欲しかったことに加えて、値段の安さと、そして何よりも好奇心から、少し無理してその車を買い取ることにした。支払いはもちろん分割だ。

金城さんが幽霊の出る車を買ったという話は大学の仲間内に瞬く間に広まった。そして幽霊を見てみたいという酔狂な男子学生が今夜、こうして集った訳である。

真っ暗な山中をかれこれ二時間は走っている。未だ幽霊は出ない。せいぜい初心者マークの金城さんの危なっかしい運転に、同乗者の悲鳴が上がる程度だ。

やがて友人たちの間からも「退屈だ」「つまらない」「幽霊はまだか」といったような声が漏れだした。慣れない運転を頑張って続けているのに、と金城さんはむっとする。

車内には徐々に険悪な空気が広がり始め、やがて誰も喋らなくなった。

突然、屋根の上から手がすっと伸びて、フロントガラスを強く叩いた。

全く不意を突かれて慌ててブレーキを踏む。けたたましいスリップ音と、友人らの叫び声が車内に響く。スピードはあまり出していなかったとはいえ、急ブレーキを踏んだのだ。シートベルトをしていなかった後部座席の者は皆、前に倒れ込んでしまい、頭や肩をしたたかに打ち付けてしまった。

幸い、車は道路から外れることもなく、道の真ん中を塞ぐように、進行方向に向かって斜めに止まっている。友人らにも大きな怪我はないようだ。

フロントガラスを叩いた手は既に消えていたが、全員がそれを見たのは間違いない。あんなものを見てしまってはこの場に留まっていられるものではない。金城さんは再びエンジンを掛け、車を出した。

今夜の目的を達成した五人だったが、達成感など微塵もない。ただただ恐ろしい体験をしたというだけだ。先程まで幽霊が出ないことに不満を述べていたことを忘れて皆「早く帰ろう」、「こんなことは二度とごめんだ」と口々に言い合った。とりあえずそこから一番近い、一人暮らしをしている友人のアパートへと向かうことにした。

深夜三時過ぎ、漸くそこにたどり着くと、前の空き地に車を停めた。金城さんはエンジンを切り、ぐったりしてシートベルトを外した。ロックを解除してドアを開ける。だが開かない。もう一度ロックし、解除する。ガチャッとロックが外れる音はするものの、やはりドアは開かない。

「何やってんだよ」と後部座席から不満気な声が上がる。「うるさいな、ちょっと待てよ」と金城さんが答える。一気に車内の空気がまた険悪なものになる。

と突然、車の前の方からバンッという大きな音がして車全体が揺れた。はっとそちらに目をやると、車の向こう側から突き出た一本の腕がボンネットを押さえるようにして置かれている。続いてもう一本の腕が伸びてきたかと思うとまたバンッと音を立ててボンネットの上に叩きつけられる。その腕と腕の間から、血まみれの女の頭がぬっと突き出した。ザクロのように割れた頭から溢れ出た血が髪を濡らし、その束になった髪が顔にべったりと貼り付いている。その隙間からは白濁した二つの目がこちらをじっと見据えている。女は大儀そうにボンネットの上にゆっくりとよじ登り、這うようにしてこちらに向かってきた。

助手席の友人が悲鳴を上げてドアを開けようとするが徒労に終わった。

少しずつ近付いてきた女はフロントガラスの手前で膝立ちになると、勢いよく両手をガラスに叩きつけた。バーン！　という大きな音がして、女の体は細かい水滴となって弾け飛び、跡形も無く消えてしまった。

その後、車のドアはすんなりと開いた。金城さん達が外に出てみると、車のボンネットやフロントガラスはもとより、周りの地面までが水でびしょ濡れになっていた。

後日、金城さんは柴田さんにその夜のことを全て話した。柴田さんは大層驚き、自分の時はそんな恐ろしい出方はしなかったと言った。彼の時はただ、上から逆さになってフロントガラスに覆い被さってくるだけだったという。それでも彼にとっては大いに恐ろしかったのだが。

いずれにしても、金城さんにこの車を所有し続けるつもりは無かった。

それを知ると柴田さんは、再びこの車を買い取ると言ってくれ、支払ったお金は全額返してくれた上に、色まで付けてくれた。

柴田さんはまた別の人にこの車を譲った。もちろん、これが「幽霊が出る車」だということを相手に伝えることも忘れなかった。後に、金城さんは柴田さんからそう聞かされたという。

スプーン

当時、小学四年生だった昭夫君の話である。

晩秋のある夜のことだった。

珍しく真夜中に目が覚めた。というのも、隣で蒲団を並べて眠っている小学六年生になる兄が布団から起き出して部屋から出て行ったからだ。

トイレに行くのだろうと思って、再び目を閉じて眠ろうとしていると、しばらくして兄が廊下を戻って来る足音が近付いてきた。ところがその足音は、部屋を通り過ぎて玄関の方へと向かう。おかしいと思って聞き耳を立てていると、玄関の鍵を開ける音がして扉が開き、また閉まったのが分かった。外へ出て行ったのだ。

こんな夜中に兄がどこへ行くのか気になった昭夫君は、布団から出て急いで玄関へと向かった。

扉の鍵は開いていた。外に出ると、門を出たところで兄が一人、暗い中でこちらに背中を向けて立っている。

「お兄ちゃん、何やってるん？」

そう言いながら近付くが、兄はまっすぐ前を向いたまま、動こうとしない。そばまで寄ってみると、小声で何やらブツブツ呟いている。

昭夫君は思わず笑ってしまった。どうやら兄は寝惚《ねぼ》けているらしい。これは明日の朝、お父さんとお母さんにも話して、みんなで笑ってやろう。それにきっと兄自身もこのことは覚えていないだろうから、こんなことがあったと聞いたら本人もびっくりするに違いない。その光景を想像すると、また笑いが込み上げてくる。

昭夫君は、寝惚けている兄が何を喋っているのかをしっかり聞いて覚えておこうと、そっと前に回り込んだ。

兄は目を開けてはいるが、その目は虚《うつ》ろで、昭夫君のことも見えていないようだ。相変わらず何かを呟いている。その口元に昭夫君はそっと耳を近づけてみた。そしてぞっとして思わず後ろに身を引いてしまった。

兄は「ただいまより始まります。ただいまより参ります」と繰り返し呟いていたのだが、気味が悪かったのはその声である。普段の兄のものとは全く違う甲高い声で、しかも震えるような、おかしな抑揚が付いている。強いて言うなら、能の謡《うた》いを裏声で謡ったような、そんな声だったという。

怖くなってしまった昭夫君は、急いで両親を起こしに行った。事の次第を話すと、両親も驚いて、すぐに兄の元に駆け付けた。

兄は先ほどと同じ場所で、同じ言葉を繰り返し呟いている。お母さんが大きな声で名前を呼んでも、肩を揺すっても全く反応しない。お父さんが手を引っ張って、家の中に連れ戻そうとしても、そこからびくとも動かない。

両親はどうしていいか分からず、困り果ててしまった。

突然、兄はすっと右手をまっすぐ前に伸ばした。手には一本のスプーンが握られていた。それを握ったまま、人差し指だけを伸ばして道の向こうを指差す。

「ただいまより始まります。ただいまより参ります」

より一層甲高い声で、兄がその言葉を呟く。すると遠くから近付いてくる救急車のサイレンの音が聞こえてきた。

兄は更に早口になる。

「ただいまより始まります。ただいまより参ります」

サイレンは更に近付き、兄の指し示す道の向こうから救急車がゆっくりとやって来るのが見えた。

するとと兄は向き直り、今度は救急車とは逆の方向を指差した。そちらを見ると、向こうにある一軒の家から人が飛び出してきて、救急車に大きく手で合図を送った。

救急車は昭夫君たちの前を通り過ぎて、その家の前で止まった。中から出てきた救急隊員が家の人と話し始める。

それを見ると、兄は手を下ろし、何も言わずに家の中に入っていった。両親が兄の名前を呼びながら後から追い掛けてもそれには答えず、台所に行って食器棚の中にスプーンを戻し、自分の部屋の布団に入ってそのまま眠ってしまった。

その後はいくら起こしても、兄は朝まで起きることはなかった。

翌日、兄にそのことを話したが、何も覚えておらず、夢を見た記憶もないということだった。

少し後になって分かったことだが、あの夜、救急車で運ばれたのは、あの家のお爺さんだったらしい。お爺さんは病院に運ばれた数時間後に亡くなったということだ。

花火

ある夏の夜のことである。

小岩さんは付き合っている三田さんと、週末恒例となったドライブに出掛けた。今夜はファミレスで食事をした後、近くの山に夜景を見に行くのだ。

夕食を終えて車に乗り込もうとした時、三田さんが言った。

「あれ？　花火の音しない？」

最初は気付かなかった小岩さんだったが、次に響いてきた打上花火の音は聞き逃さなかった。

「今日、近くで花火大会とかやってるの？」

「さあ、知らない」

花火が好きな二人は車に乗り込むと、携帯電話を取り出し、近隣の花火情報を調べた。だがいくら検索しても、その日、近くで開催されている花火大会の情報は出てこない。

しかし現に花火を打ち上げる音は聞こえるのだ。

ちょうど今から夜景を見に行くところだったし、山の上からなら遠目に花火を拝めるかもしれない。小岩さんは急いで車を発進させ、目的の山へと向かった。

走りながらも助手席に座る三田さんは、窓を少し開けて花火の音を確認している。

「早く早く！　急いで急いで！」

楽しそうに三田さんが急かすと、小岩さんも「分かってるって」と答えながらハンドルを切る。

やがて、周囲の景色は木々の生い茂る暗い山のそれへと変わり、そして目的地に到着した。と言っても、そこは展望台ではない。山の側面を走る道路だ。谷側が開けているので、眼下に広がる町並みを一望することが出来る。道路の先は発電施設の入り口になっており、夜間は大きな鉄の門が閉まっている。つまり行き止まりだ。だから夜にここへ来るのは十中八九、夜景の見物客なのである。二人にとってもここはお気に入りの場所だった。

発電施設の門の手前の少し勾配のある道路には、既に数台の車が並んで停まっていた。今夜は夜景に加えて花火を見に来た人もいるのかもしれない。小岩さんはその並びに車を停めた。

早速車から降りる二人。車外に出ている人は他にはいない。車の中から夜景を見ているのだろうか。

遠くの空に目をやる。

ヒュー、ドーン、パラパラパラ……。

花火の音が聞こえてきた。しかし、どこにも花火は見えない。ただ目の前には夜の街が美しく輝いているだけだ。

ところが二人の背後から若い女性の歓声が聞こえてきた。

「うわあ、きれい！」

「すごいねえ！」

振り返るが人の姿はどこにも見えない。

ヒュー、ドドーン……。

また花火の音がした。遠くの空に花火を探すが、やはり夜景の上にはただ闇が広がるばかりだ。

だがその見えない花火の音に合わせるかのように、また男女の声が上がった。

「た〜まや〜！」

「何言ってんだよ」

そう言って笑いさざめく。

声は背後の少し上方から聞こえてくる。今は暗くてよく見えないが、背後の山の斜面に階段があり、歩いて上へ登ることが出来るようになっている。その先にあるのは小さな公園だ。声はどうやらその階段を上がった辺りから聞こえてくるようだ。大学生ぐらいの男女が数人いるらしい。

彼らのいる位置なら花火が見えるということだろう。二人はそちらに行ってみることにした。

暗い中、足元に気を付けながら階段を上がる。上がりきったところからは緩い傾斜の道が更に上へと続いている。声はその先の暗がりからだ。

二人はゆっくりと道を進んでいき、声のする方に近付いた。

やがて道の先に、谷側に向かって並ぶ数人の人影が見えてきた。

花火の音が聞こえる。同時に彼らは体を揺らして声を上げる。

「うわー、今の凄い！」

「吸い込まれそうだよねえ！」

だが花火は見えない。

小岩さんは花火がどこに見えるのか、彼らに聞いてみようと更に近付いた。

その時、影になった彼らの体を透して、煌《きら》びやかな夜景の光がうっすらと見えた。

彼らは立体感の無いただの真っ黒い影だった。それはまるで紗のように薄く、向こう側が微かに透けて見えている。この世のものではない。

隣に立つ三田さんを見ると微かに震えているようだ。

影は二人に気付いていない。二人は互いに目配せして、後退るようにそっとその場から離れた。

階段を注意して下り、車へと急ぐ。

花火の音が聞こえる。影達が歓声を上げる。

二人は車に乗り込むとエンジンを掛け、山を下った。

その間、二人は一言も口を利かなかった。

花火の音だけが遠く静かに辺りに響いていた。

離れてくれない

酒井さんの友人に成沢という男がいた。
女癖が悪く、常に複数の彼女を持ち、トラブルもしょっちゅうという男であった。
本人は全く意に介さないのだが、いつ刺されてもおかしくないような状況だった。
その成沢が、酒井さんを急に呼び出した。
待ち合わせ場所に現れた成沢は、辺りを気にしながら口を開いた。
「おまえ、霊って信じるか」
酒井さんの答えを待たず、成沢は話し出した。
いるはずのない人間が、どこにでも現れるのだという。
二年前に別れた遊び相手で、大塚清美という女らしい。
最初に現れたのは一週間前。風呂の戸を開けたら、洗い場に立っていたそうだ。
清美は合い鍵を持っていない。
成沢の部屋はマンションの四階であり、外部からの侵入は考えられない。

そもそも、このマンションの住所すら知らないはずだ。
「おまえ、どこから入った」
思わず声を荒らげる成沢の横をふわりとすり抜け、清美は風呂場から走り出た。
慌てて後を追ったが、部屋中どこを探しても見あたらなかった。
玄関や窓が開いた音はしていない。しかも、どちらとも施錠されている。
その日以来、清美は時と場所を選ばず出没し始めたのだという。
それは、生身の人間では不可能なことであった。
どうしたらいいか訊かれ、酒井さんは素直に答えた。
自業自得と諦め、大塚清美さんの仏前に赴き、誠心誠意をもって供養するしかない。
情けないことに成沢は、酒井さんに同行を頼んできた。
一人で行くのが怖いというのだ。
自らの人の好さに呆れながら、酒井さんは腰をあげた。
行くと決めたのは良いが、呆れたことに住所すら分からないという。
大塚さんの友人の友人から徐々に手繰《たぐ》っていき、ようやく現在地が分かったのは、それから一時間後だった。

判明したのは住所だけではない。なんと大塚さんは生きていた。

既に結婚し、二週間前に母親になったばかりとのことであった。

行けば迷惑になるからと酒井さんは引き留めたが、成沢は聞く耳を持たなかった。

それならあれは生霊だ、止めなければこっちにも考えがある、等々いきなり威勢が良くなった。

放っておけば何をしでかすか分からない。

そう判断した酒井さんは、いざとなれば力ずくで止める覚悟を決めたという。

大塚さんは、突然訪れた成沢に驚き、理由を聞いて更に驚いた。

次いで大塚さんはひとしきり笑ったあと、きっぱりと言った。

心当たりがない。久しぶりにこうやって見るまで、存在すら忘れていた。

子育てで忙しい今、あんたみたいなクズを恨む暇などない。

そこまで言われたのだが、成沢は尚もしつこく食い下がった。

本人が気づいてなくとも、無意識でそうなるのかもしれないなどと責める。

これ以上の無理強いは警察沙汰になると判断した酒井さんは、成沢を強引に引きずり出した。

帰り道でも文句と愚痴《ぐち》を垂れ流す成沢に嫌気がさし、酒井さんは早々に別れた。

それからも成沢は悩まされ続け、日常生活もままならなくなり、仕事もクビになった。

その恨みもあってか、成沢は大塚さんの自宅に通い詰め、とうとう警察の御厄介となった。

脅迫行為として扱われた為、二度と近づけなくなったのである。

成沢は独りきりでいるのが嫌なのか、誰彼構わず押し掛けては居候を決め込むようになった。

【清美】は、成沢が独りだろうが誰かと一緒にいようが、関係なく現れる。

しかも徐々に力を増してきたらしく、目撃する者も増えてきた。

実のところ、酒井さん自身も一度目撃している。まるでそこに大塚さん本人がいるように見えたらしい。

そんな事が増え、成沢は露骨に嫌がられるようになった。

行き場所を無くし、町中を彷徨《さまよ》っていた成沢は、ある日いきなり通行人を襲い、措置入院となった。

それ以来、今現在も成沢は入院している。

一度、酒井さんの元へ手紙が届いたことがある。

【清美】は今や消えることなく、ずっと目の前にいると書いてあった。

大塚さん本人がどう過ごしているかは分からない。

知る必要もないことだと酒井さんは話を終えた。

黒い川

今から七年前、有田さんが大学生の頃の話である。

三回生の夏、有田さんはキャンプに出かけた。

同行者は友人の阿部である。

目的地の山は初めて向かう場所だ。キャンプ場近くの清流で魚も釣れると聞き、釣り竿も持参している。

一時間近く車を走らせ、到着したキャンプ場は殆ど貸し切り状態であった。

有田さん達以外には、四人家族が一組いるだけである。

阿部はテントの用意を始めた。釣り名人を自称する有田さんは早速、竿を取り出して川に向かった。

キャンプ場から五分ほど進むと川があった。川底が見てとれるほどの清流である。

ここぞと思う場所を選び、有田さんは釣りを始めた。

魚影は見えているのだが、なかなか食いついてくれない。

二十分ほど経った頃、有田さんは我が目を疑った。

突然、川が真っ黒に変化したのだという。

今の今まで澄み切っていた川が、一瞬で墨汁のように濃厚な黒になった。

困惑したのも束の間、川は元に戻った。それが何度も繰り返される。

釣りを続けようか迷う有田さんの背後で物音がした。

釣り竿を持った阿部である。

有田さんの隣に座った阿部は手近の岩に座り、慣れた手つきで釣りを始めた。

有田さんが話しかけるよりも早く、阿部が悲鳴をあげた。

「なんだあれ」

阿部はそれだけを言うのが精一杯のようだ。またもや川が真っ黒に染まっている。

阿部にも見えるのなら、目の錯覚などではない。

「おまえにも見えるのか。何だと思う」

阿部は意外なことを言った。

「何だと思うって、どう見ても黒焦げの人間だろ」

有田さんとは違い、阿部には黒焦げになった人間が大量に蠢《うごめ》いているように見えたのだという。

いずれにしても、この川で何かあったとしか思えない。

そんな場所で夜を過ごす気にはなれない。

せっかく用意したテントを畳み、その日は帰ることに決めた。

二人がキャンプ場を出る時、家族連れが楽し気にバーベキューを始めようとしていた。

網の上に魚が載っている。

父親が、釣りたての魚だぞと自慢しているのが聞こえた。

昼飯を食べたら、少し休憩して川で泳ごうとも言っている。

有田さんは阿部と顔を見合わせた。何も言わなくとも、お互いの考えている事が手に取るように分かる。

注意した方がいいよな。けど、何と言って注意すればいいんだ。あの川は黒くなるんですとか、黒焦げの人間が沢山いるんですとでも言えるのか。

結局、二人は逃げるようにその場を離れたという。

それから十数年を経た今でも、そのキャンプ場は地図に表記されているそうだ。

見殺し

大山さんの御自宅から歩いて五分程の場所に、大きな寺がある。

十年程前まで関西では無名の寺であった。あるCMが切っ掛けで世間に名前が知れ渡り、日中は観光客で溢れるようになった。とは言え、早朝は静かなものである。

散歩していても、出会うのは近所の人間だけだ。

寺の斜め前に空き地がある。観光バスが2台、余裕で駐車できる広さだ。

等間隔に打ち込まれた石柱で囲まれ、出入口には立ち入り禁止の札も掲示されている。札が無くとも、誰も入ろうとはしない。

中心部に黒い石碑が立っているだけで、これといって見るべきものはない。

時折、立ち止まって覗き込む観光客もいるが、わざわざ石碑を確認しに行こうという物好きはいなかった。

大山さん自身も入らない。というか、なるべく見ないようにして通る。

この地で生まれ育った者は、皆同じような行動をとる。

穏やかな空間に見えていても、実際は何百人も死んでいる場所だからだ。

時は遥か昔に遡《さかのぼ》る。この辺りには流民の収容施設があり、最底辺の生活を営んでいた。普段でも衛生面に問題がある場所であったが、伝染病が大流行し、施設内は地獄となった。付近の住民は恐れるあまり、施設を厳重に閉鎖した上で火を放ったのだという。

慰霊の為と思《おぼ》しき黒い石碑には何も刻まれていない。

公にできないからとも言われていたが、あまりにも死者の数が多過ぎ、なおかつ名前すら分からない為だとも言われていた。

いずれにしろ、一片の記録も残されていないのだが、付近の住民は口伝えで知っていた。

とにかく近づくな、関わりを持つな。それが鉄則である。

カラスや雀さえ空き地の上を避けて飛ぶと言われていた。

そんな場所ではあるが、入らなければ何事も起きない。

事実、何十年も平穏無事であった。観光地になってからも変わらなかった。日本人なら何となく分かる禁忌を感じ取るからである。

その日、大山さんは犬を連れて散歩を楽しんでいた。

いつもの習慣で顔を伏せて通り過ぎようとした時、空き地の中で人の声がした。

観光客と思しき男女が五人。日本人のように見えたが、会話は日本語ではない。アジアの言語であることだけは分かった。注意した方がいいのだろうか。でも、何か起こると決まったわけではない。

大山さんは物凄く迷ったらしい。

縁起が良くない場所なのは確かだが、未だかつて呪われたとか、霊を目撃した人はいない。注意するにせよ、英語が話せない。その他の言語となると尚更だ。

大山さんが迷っている間に、男性が石碑に触れてしまった。

石の感触を確かめていた男性は、ポケットからサインペンらしき筆記具を取り出し、何かを書き始めた。

これは見過ごせない。大山さんは思い切って日本語で注意した。

男女のグループは悪びれることもなく、へらへらと笑いながら出てきた。

大声で会話しながら、大山さんの前を通り過ぎ、寺の中に入っていく。

憮然とした顔で見つめる大山さんの目の前で、先程落書きをした男性が前のめりに倒れた。

驚いた他の仲間が助け起こそうとしたが、叫び声をあげながら苦しむ男性に手が出せないようだ。何事かと駆けつけた寺の警備員が救急車を要請している。

そこまで見届け、大山さんは散歩に戻った。

その後も、空き地に入る観光客は後を絶たない。大山さんが目撃しただけでも五組。

そのうちの何人かは、気分が悪くなり倒れたという。酷いのになると血を吐いていたそうだ。

そうなる人達は全員、あの日の男女と同じ言葉を話していたらしい。

石碑の落書きが原因ではないか、皆で綺麗にした方が良いのではないか。

とりあえず、各国の言語で注意を促す看板を立てるべきでは。

そんな意見を述べる者もいたが、賛同者は皆無だった。

一切、関わらない方が良いという意見が圧倒的であったという。

顔泥棒

篠田さんの家には蔵がある。蔵の中は骨董品が所狭しと並べてある。

それは、半年前に亡くなった祖父の趣味であった。

祖父はとりわけ能面の収集に凝っていたという。

祖父が亡くなった時、親戚縁者達が売却してはどうかと言い出した。

かなり高値がつくものもあるらしいが、篠田さんをはじめとして、価値が分かる者はひとりもいない。幸いにも祖父は、全ての能面の目録を残していた。

手書きらしい絵の下に名前と評価が記されている。

「翁《おきな》　江戸末期　状態良し　柔らかな目が良い」といった具合である。

付き合わせていくと、ひとつだけ見あたらない能面があった。

祖父は、殊《こと》の外その能面を愛していたらしく、感情を露《あら》わにした評価を記している。

「小面《こおもて》　年代不明　極上品なれど彩りに欠ける　誠に惜しい　なんとかならぬものか」

祖父にそこまで言わせる能面である。高額で取引できるに違いないのだが、どうしても見つからない。探しあぐねて、その日はお開きとなった。

翌朝。

篠田家の一人娘である絵理さんが、思い詰めた顔で起きてきた。

開口一番、夢に祖父が出てきたと言いだした。

祖父は絵理さんを大きな金庫まで連れていき、鍵の場所とダイヤルのナンバーを教えてくれたらしい。金庫には朱塗りの箱が入っていた。

祖父はおもむろにその箱を開け、中から能面を取り出した。

なんとも言えず美しい能面だったという。

篠田さんは、絵理さんを連れて半信半疑で蔵に向かった。金庫があるのは知っていたが、まさか能面が保管してあるとは思いもしなかったのだ。

大人の胸ぐらいの高さの金庫である。鍵穴とハンドル、目盛りを刻んだダイヤルが横並びに二つ。絵理さんは金庫の裏側に指を這わせ、鍵を取り出した。

続いてダイヤルをするすると回していく。

慣れた手つきで、あっという間に金庫を開けてしまった。

自分でも驚いている様子だ。

金庫の中身は、絵理さんが夢で見たという朱塗りの箱だけである。

箱は黒い紐で厳重に縛られている。開けた途端、異様な臭いが辺りに漂った。

腐敗臭のようでもあり、髪の毛が焦げた臭いのようでもある。

臭いは一瞬で消えたのだが、しばらくは鼻の奥が痛むほどであった。

恐る恐る箱を覗く。中身は見事な能面であった。

見事なのだが、どこか冷たい。なにか足りない。祖父が感情を露わに誠に惜しいと評価したのも納得できたという。

とりあえず、篠田さんは能面を箱に戻して家に持ち帰った。


翌朝。

妻に頼まれ、篠田さんは絵理さんの部屋に向かった。

いつもの時間になっても、起きてこないというのだ。

「絵理。どうした、学校遅れるぞ」

返事がない。ドアを開けると絵理さんは既に起きていた。

カーテンの隙間から外を見ているようである。声をかけられ、ゆっくりと振り向いた絵理さんは、あの能面を被っていた。

「何をやってるんだ、それを外しなさい」

立ち上がった絵理さんは、篠田さんを無視してふらふらと歩きだした。

篠田さんが声を荒らげて能面に触ろうとした途端、絵理さんは力なくしゃがみ込んだ。

その瞬間、能面が外れた。絵理さんは無表情のまま立ち上がり、いつも通りの身支度を始めようとしている。

篠田さんは、そっと能面を拾い上げ、もう一度絵理さんを叱りつけた。

絵理さんは何事も無かったかのように、相変わらずの無表情で身支度を続けている。

その朝を境にして、絵理さんは喜怒哀楽の全てを見せなくなった。

絵理さん自らが言うには、嬉しさや悲しさはあるのだが、どうしてもそれが表情に出ないらしい。

何があっても固まったままである。

その一方で、あの能面は日毎に美しさを増しているという。

まるで生きているかのように、艶《あで》やかで華やかな笑みを浮かべているそうだ。

能面を供養すれば何とかなると思い、人づてに聞いた寺に持ち込んだこともある。

能面を見た瞬間、和尚は渋い顔で「供養などではどうにもならん」と断ったそうだ。

いっそ燃やしてしまおうと考えたこともあるらしい。

だが、これほど共鳴している能面に危害を加えたら、絵理さんに何が起こるか分からない。


諦めて二年になる。

高校の卒業式の日、絵理さんは無表情のままぽろぽろと涙をこぼした。

それからずっと、寝るときと食事の時以外は能面を付けたまま暮らしているという。

育てよ我が子

今年の春、秋山さんは念願のマイホームを手に入れた。

駅前にある大型マンションだ。勤め先まで一時間、付近の施設は充実し、何一つ文句の付け所がない。

窓から見える景色は緑が多く、心からくつろげる部屋だという。

休日は何処へも行かず、秋山さんと妻の佳乃さんは、遠くに見える森を眺めて過ごしたそうだ。

暮らし始めて三ヶ月。待望の赤ちゃんが産まれ、部屋はそれまで以上に幸福に満ちた空間となった。丸々とした男の子である。幸多かれという思いから、幸太と名付けた。

御宮参りの日は、朝から晴天であった。

秋山さんの隣で佳乃さんは、宝物のように幸太くんを抱いている。

両方の祖父母も交え、一行は近くの神社へと向かった。

到着して分かったのだが、窓から見える森は神社を中心に据えていた。

全てを無事に終え、社《やしろ》を出ようとした時のことだ。

秋山さんは森の中にいる男女に気づいた。どうやら夫婦らしく、女性の方は赤ちゃんを抱いている。

どちらも大変にみすぼらしい姿恰好で、秋山さんはホームレスの夫婦かと思ったそうだ。

佳乃さんも気がついたようで、あの人達も御宮参りかしらなどと呟いている。

その夫婦は秋山さんをじっと見つめ、深々とお辞儀をした。

つられて秋山さんもお辞儀を返した。その途端、背後で佳乃さんが小さな悲鳴をあげた。

腕の中の幸太くんが、一瞬だけ軽くなったのだという。

「本当なの。いなくなったって思ったぐらい」

母親の様子に驚いたのか、幸太くんは激しく泣き出した。

あやしながら歩き出した秋山さんは、何となく視線を感じて振り返った。先程の夫婦がまたお辞儀をしている。

どこへやったのか、女性は赤ちゃんを抱いていなかった。

自宅に戻る頃には、幸太くんは泣き疲れて眠っていた。

そっとベビーベッドに降ろし、祖父母と共に軽い食事をとる。どこかに食べに行こうかとも思ったのだが、泣き止まない幸太くんを優先したのである。

食後のコーヒーを片手に、秋山さんはベランダへ出た。

遠くを眺めながらのコーヒーが習慣なのである。

何気なく、先程までいた森の方を見る。思わず、コーヒーカップを落としそうになった。森の前の路上に、あの夫婦がいたのだ。

ここから五百メートル以上あるのに表情まで分かる。

そんなはずはない、気のせいだと否定した瞬間、耳元で誰かが囁いた。

「よろしくおねがいします」

その声と同時に、夫婦がまた頭を下げたのが見えた。

翌日から佳乃さんの様子がおかしくなってきた。

話しかけても上の空で、幸太くんもベビーベッドに寝かせたままだ。

母乳で育てると宣言していたのに、乳首を含ませようともしない。

それどころか、オムツすら替えようとしないのだ。

どこか悪いのか、あるいは精神的なものなのか判断できず、秋山さんは出来る限り家事を行い、幸太くんの世話もした。

一過性のものだと信じていたのだが、佳乃さんは一向に態度を変えようとはしなかった。

日々の疲れは回復できないほど蓄積し、ある夜、秋山さんはとうとう感情を爆発させてしまったという。

おまえ、それでも母親か。幸太を可哀想とは思わないのか。

そう叱責した途端、佳乃さんの目つきが変わった。瞬きもせずに秋山さんを睨みつけ、静かな声で佳乃さんは言った。

「あれ、幸太じゃないから。良いもの見せてあげる。待ってなさい」

佳乃さんはスマートフォンを取り出し、録画した画像を再生し始めた。

そこに映っているのはベビーベッドですやすやと眠る幸太くんである。

二十秒ほど過ぎた頃、幸太くんが突然、目を開けた。

幸太くんは、スマートフォンのレンズを一瞬だけ見つめ、すぐに目を逸らした。

佳乃さんは次々に映像を再生していく。全て、幸太くんを撮影したものだ。

最後の映像で、佳乃さんは幸太くんに話しかけた。

「あんた誰よ。私の赤ちゃんはどこにいるのよ」

その途端、幸太くんは目を閉じ、両手で耳を塞いで微笑んだ。

いずれの映像も、おかしいと言えばおかしいのだが、気のせいと言われたらそれまでだ。

秋山さんの説得にも耳を貸さず、ベランダに飛び出した佳乃さんは、あの森に向かって大声で叫び始めた。

「おまえらだろっ！　これ、おまえらのガキだろっ！　私の幸太を返しなさいよっ」

慌てて止めようとした秋山さんは、森の前にいる夫婦に気づいた。

月明かりもない真っ暗な夜なのに、以前と同じくハッキリと表情まで分かる。

夫婦は深々と頭を下げた。その姿を見て、佳乃さんは更に逆上した。

部屋の中に取って返し、幸太くんの首を絞めようとしている。

必死で止める秋山さんを振り払い、佳乃さんは部屋を飛び出していった。

結局、それが秋山さん夫婦の最後の夜となった。
佳乃さんは、一旦実家に戻ったのだが、すぐにまた飛び出して消息不明になった。
秋山さんは男手ひとつで幸太くんを育てている。
秋山さんにも、佳乃さんにも似ていないそうだ。

兄弟

U君には、幼い弟と暮らした記憶がある。

とはいっても、憶えているのはきれぎれの場面で、頭ひとつちいさかった背丈とか庭を歩く自分のうしろをひょこひょこ追いかける姿とか、視界の脇にちらちらと映る真っ青な靴とか、そんなものばかり。一緒に遊んだことや喧嘩したことなどはまるで思いだせない。そもそも名前も声も明瞭《はっき》りしない。

本当に弟などいたのだろうかと考えるときもあるが、茶の間で両親と一緒に座卓を囲んでいた情景や寝床で隣りあわせに寝転がっていた思い出もあるから、近所に住む友だちや縁戚の子供だとは考えにくい。

では、なぜ現在、弟はいないのか。自分は一人っ子のはずだ。

亡くなったのかと推察したものの、それにしては葬式をあげたような憶えがない。人間はあまりに辛い記憶を消してしまうらしいが、弟の姿を脳裏に浮かべてみても、胸が痛んだり涙がこぼれたりしないということは、たぶん辛くないのだと思う。無理やりに記憶を消しているのではないのだと思う。

両親にはなんとなく訊けなかった。躊躇《ちゅうちょ》したとか気を使ったというわけではない。どう訊ねれば良いのか、質問の仕方がわからなかったのだ。

だから、放っておいた。二十歳になるまでは。


地元の成人式を終えて帰宅し、部屋着になろうと慣れないスーツを脱いだ。

そのままにしておくのもどうかと思い、吊るすためのハンガーを探して母の箪笥《たんす》を開けたところ、着物の下にひそむ小箱を発見した。

メダルを入れるような平たい箱には、透明なプラスチックの蓋がついている。

そこには、知らない名前と、綿のなかに沈む黒ずんだ破片があった。

箱の中身を問うた瞬間、母が泣きだす。

お兄ちゃんだよ。

あなたが生まれる直前に事故で死んだんだよ。なんだか縁起が悪い気がして言えなかったけど、あなたには兄弟がいたんだよ。

涙ながらに母が語る兄の容貌は、思い出に残る〈あの子〉そのままだった。

嗚呼、だから。

触れあった記憶がないのか。

弟じゃ、なかったのか。


その日から幼いころとおなじように、子供が視界の端をうろつくようになった。

ふと、顔面が赤いのに気がつく。

兄はどんな事故で亡くなったのかと考えるが、母を悲しませるのもどうかと思い、詳細は訊ねていない。


真っ赤な子は、いまも出る。

ここへ来る直前にも、目の前を横切ったんですよ。

慕ってるんですかね、それとも怒ってるんですかね。

U君はそう言って、自身の体験を語り終えた。

分割

「ほれ」と言うや、Hさんはおもむろにズボンの裾をまくった。

還暦を迎えたばかりとは思えぬほど、たくましい足首。その、くるぶしのあたりの肌がピンク色にただれている。聞けば、二歳のときにできた火傷《やけど》の跡なのだという。

「アンカってわかるかな。焼けた豆炭《まめたん》を入れて布団を温める暖房器具でね、まあ湯たんぽのご先祖みたいなもんなんだけど。そいつを寝てるうちに踏み抜いちゃってさ、ジュッといっちゃったんだよ」

状況を想像して顔をしかめる私に「こればっかりじゃないいんだよ」と笑いながら、彼は話を続けた。

まだ乳飲み子の時分、Hさんはひどい高熱に見舞われた。

麻疹《ましん》だったのか疱瘡《ほうそう》だったのか、それともたちの悪い風邪だったのか……詳細は彼自身も知らないが、ともあれ生命があやぶまれるほどの状態で、往診に訪れた医者も

「もう明日までは生きられないだろう」と宣告するような有様だったらしい。

と、嘆きつつ看病する両親をじっと見ていた祖母が、やおら家を飛びだした。向かった先は町はずれの〈明神さん〉。霊験あらたかなことで知られる神社だった。

石段を一気に駆けあがると、祖母は拝殿に向かって手を合わせ続けた。

「どうかウチの坊を助けてください。せめて……せめて、あの子に降りかかっている災厄を、軽くしてやってください。初孫なんです、初孫なんです」

祖母が具体的にどんな願を掛けたのか、鬼籍に入って久しい現在となっては明瞭《はっき》りしない。いずれにせよ「どんな手段でも構わないから、Hさんを回復させてほしい」と懸命に祈ったのは確かなようだ。

そして、その祈願は成就される。明け方、長い長い願掛けを終えて祖母が帰宅すると、さっきまで死にかけていたはずのHさんが戸口で出迎えてくれたのである。驚く両親をよそに、幼いHさんは「腹減った」とのたまい、笑った。その後は大病することもなく、Hさんは現在まで健やかに過ごしている……。

「ただ、ね」

彼はそう言うと、今度は真っ白の頭髪をめくりあげた。生えぎわと額の境に、えぐれたような傷が縦に走っている。

「ウチの実家の脇に線路があったんだけどさ。三歳のときに向こう側へわたろうと線路を横断してたら、汽車にポーンと撥ねられて。ま、命に別状はなかったんだけど、そのときの傷がコレ。左右を見て、汽車が来ないのを確認してはずなんだけどね」

驚く私をよそに、彼は淡々と自身の負った怪我について語り続ける。

四歳のときには雪かきの最中、父親の持っていたスコップが柄からすっぽ抜けて、背後にいたHさんへ直撃。顔の肉を数センチ削ぎとっていった。

五歳のときは、近所に置かれていた手動式のコンクリートミキサーによじ登って遊んでいたところ、歯車に右手の指を巻きこまれて負傷（実際に中指を見せてもらったが、吸盤がついたカエルのように平たくひしゃげていた）。

その後もバイクにぶつかって足の肉を欠損したり、タンスの上に置いていた鉄製の重いアイロンが落ちてきて頭頂部に突き刺さったりと、Hさんは毎年、かならず身体の一部を失う怪我に見舞われている。

六十年、一度も欠かさずにである。

「最新作は、ほれ」

あいかわらず笑みをたたえながら、Hさんがシャツの袖をまくった。横一文字の真新しい傷が、上腕へ巻きつくように刻まれている。

「知り合いから〝廃屋の解体を手伝ってくれ〟って言われて、板塀剥《は》がしてたんだ。そしたら刺さってた釘がなんのはずみかバチーンと飛んできて、腕の肉をかすめていきやがった。いや、さすがに痛かったよ」

「……それは、つまり」

絶句するこちらに向かって、Hさんが「分割だよ」と頷く。

「俺は、本当なら赤ん坊のときに失うはずだった〈まるまる一人ぶんの肉〉を、神サマに分割で払ってるんじゃねえか……そう思ってるんだ。俺の寿命が終わるのは完済したときなんじゃないか……そんな気がしてならないんだよ」

偶然の産物ではないのか。たまたまではないのか。しかし、恒例行事のごとく毎年欠かさず怪我をするなど、あり得るのか。

混乱する私をよそに、Hさんは傷だらけの背中を見せ、「ま、この傷たちが〈利息〉

じゃないことを願ってるよ」と、この日いちばんの笑顔を見せてから去っていった。

来年、新たに負傷した際は連絡をくれるよう頼んでいる。

不謹慎とは思いつつも、私はその日を待っている。

服装

ある春の夕方。

子供を連れて、近所の神社へ愛犬の散歩に出かけていたエリコさんは、五歳になる長男のユウキくんからふいに声をかけられた。

「お母さん、[redacted]トシくんがいるよ」

ユウキくんは微笑みながら、エリコさんのスカートの裾を引っ張っている。

「ちょっと、ユウくんお母さんの服引っ張らないで」

「あのね、[redacted]トシくんなの。[redacted]トシくんがいるの」

クレームも意に介さず、息子は同じ科白を連呼している。

「[redacted]トシくんって、だあれ？　保育園のお友だち？」

「知ってるでしょッ、[redacted]トシくんだってば」

要領を得ない返答に、エリコさんは内心で嘆息していた。我が子ながら、ユウキはどうにも変わったところがある。理解しがたい発言をして駄々をこねたり、部屋の一点を何十分も黙って見つめていることも珍しくない。

もしかしたら、なにかの病気なのだろうか。

専門のお医者さまに診てもらったほうが良いのだろうか。

エリコさんがひそかに憂《うれ》うあいだにも、ユウキくんは伝わらないことにいらだったのか、地団駄を踏みながら抗議の声をあげている。

「お母さんなんでわかんないの、[redacted]トシくんだよ。テレビで見たでしょッ」

その言葉を聞いた瞬間、はっとした。

もしや〈[redacted]トシくん〉とは、テレビ番組に出てくる人形のことではないか。

世界各国の文化を紹介しながら、ユニークな文化や知られざる歴史をクイズ形式で紹介する長寿番組。その出演者たちが解答前にさしだすのが、司会者を模した〈[redacted]トシくん〉と呼ばれる人形なのだ。

「え、でも」

解決したと同時に、新たな疑問が浮かぶ。

人形の〈[redacted]トシくん〉は、たしかサファリシャツとパンツにサファリハット、いわゆる探検服を着用していたはずだ。けれども、そんないでたちの人物など境内には見あたらない。

似たような服を着た人でもいたのかしら。

あれに近い衣装といえば……制服とか、作業服とか、あるいは軍服とか。

軍服。

思わずかがみこみ、息子と正面から向きあった。

「……ユウくん、その■トシくんって、何処にいたの」

「あそこ」

指さしたのは、先ほどまで歩いていた参道の脇に建っている石碑。

戦没者の慰霊塔だった。

つまり、息子が見たのは。

それ以上は考えるのをやめた。

ぐずる息子とはしゃぐ愛犬を引きずり、彼女は境内から足早に立ち去った。

「でも……慰霊碑って別にその場所で誰かが亡くなったわけではないですよね。もし息子が目撃した〈■トシくん〉が〝そういうモノ〟だったとして……なんで、あそこに出てきたんでしょうか。まあ、なにも解らないままですが……もうなにも知りたくはないですね」

その日以降、Hさんは散歩のコースを変えている。

挨拶

山形県の某市に住んでいる旧友のYさんは、学校の事務員さんである。
あるとき、いつものように彼と盃《さかずき》を傾けていたところ、突然怪談めいた話題になって驚いたことがある。これは、そのときの話だ。

Yさんの暮らす市には小学校がいくつかあって、彼はそれらを一人でまわるのだそうだ。少子化による学校数の減少に加え、夜間警備の機械化などが手伝って、いまは常駐の用務員さんというのはすくないらしい。

「だから、色々な学校に行くんだけどね。田舎だからなのか、それぞれに個性があって面白いよ。動物がらみの話で例えると、山沿いの学校ではタヌキのフンとか始末するのが日課だし、逆に農村部だとカラスが多くて、あいつらがイタズラしたアンテナを毎年修理しなきゃいけなかったりするもの」

じゃあ、忙しいのは動物の活動が活発な夏ですか、と聞くと、彼は「冬になる直前かな」と答えた。

「ストーブと格闘するんだ」

北国であるから、各教室には大型の灯油ストーブが設置されている。夏のあいだは倉庫にしまわれているのだが、やはり機械とあっていつのまにか故障しているものもすくなくないらしい。

「だから、秋のうちにいったん全部のストーブを解体して、着火プラグとかノズルとか細かいところまで綺麗にするんだ。真冬に壊れたらそれこそ悲劇でしょ。震える子供たちを待たせながら、かじかむ手で修理するなんて、考えただけで恐ろしいよ。いったん灯油を入れちゃうと解体もできないしね」

ある年、彼は例によって山裾の小学校で灯油ストーブをメンテナンスしていた。

ところが、この年はどうにも作業が進まなかった。きちんとチェックしたはずなのに着火しなかったり、すっかり組み立て直したあとで、座りこんでいた尻の下から閉め忘れたネジが見つかって二度手間になったりと、やたらにミスが続いたのだそうだ。

「おかしいなあ、と思ってたんだけど」

最後の一台を直していたとき、それは起こった。

脇に転がしておいた電動ドリルが突然、ががががと動き始めたのである。電動ドリルは銃のような形をしていて、グリップを握ることで初めて通電する仕組みになっている。ほっぽりだしておいたものが自然に動くなどとは、ありえないことだった。

「で、古参の先生に相談したんだ。いやいや、心霊現象とか疑ったわけじゃないよ。もしドリルが壊れてるなら危ないでしょ。急に動きだして怪我でもしたら大変だもん」

ところが古参の先生は、話を聞くなり妙なことを言った。

「山にはお参りしましたか」

「……いいえ、特には」

「ああ、じゃあそれでしょう。何も言わず山にのぼってみてください」

わけがわからぬままに、Yさんは裏山へ足を向けた。

大人の足なら三十分も歩けば山頂に着くようなこぢんまりとした山である。苦ではなかったけれど、なんでこんなことをしているのかな、という疑問は拭えなかった。

「嫌がらせかな、とも思ったよね」

そんな不安は、山頂へ到着した瞬間に氷解した。

頂には、苔むした十数基の古い墓があったのである。

なんとなく腑に落ちて、墓に手を合わせてから下山し、もう一度電動ドリルをいじってみると、今度はなんの問題もなく稼働した。あれほど難航していたストーブの修理も、あっという間にその日のうちに終わった。

古参の先生へお礼を言いに行くと、彼は笑いながら「新しく赴任した先生もおなじ反応をしますよ。半信半疑で言われるがまま山に登って、なんとなく納得しておりてきます。僕らはね、彼らの場所を借りて子供らを育ててるようなものなんです」と言った。


「それからは、学校の廊下に貼ってある〈あいさつは大切です〉って標語を見ると、つい笑っちゃうようになったね」

以来、秋にその小学校へ行くときには、山へ挨拶に出かけてからストーブの修理に取りかかるそうだ。

位牌

薬剤師の悦夫さんは道を歩いていると、ごくたまにだが歩道脇の植込みに手を突っ込みたい衝動に襲われるときがある。

人と一緒にいたり人目があれば当然こらえるのだが、夜酔っ払って歩いていて周囲に誰もいないときなど、つい本当に手を突っ込んでしまうことがあるらしい。するとと植込みの中で指先が何か硬い異物に当たり、掴んで手を引きぬくとそれは位牌なのである。

拾う位牌は白木のものや漆塗《うるし》りのものなど一様ではないが、そういうことが過去に何度もあったそうだ。

そもそも歩道の植込みに位牌が落ちているというか埋まっている確率がどの程度のものなのか不明だが、おそらく非常に低いのではないか。それを一人の人間が何度も発見してしまうとなるとさらに途方もない低確率になると思われる。

だから三度目にそれを警察に届けたとき、悦夫さんが酒臭かった上に過去にも二度位牌を届けていることを知った警官が、まるで悦夫さん自身がどこかから盗んできたかのように疑う言動を見せたのも無理はないのかもしれない。

それに気を悪くしてしまった悦夫さんは、その後もつい衝動に負けて植込みに手を突っ込んでしまうことはあっても、掴み取った位牌をもう警察に届けることはなくなった。

「元の場所に戻してしまうんです、キャッチ・アンド・リリースですよ」

真面目な顔で悦夫さんは言った。

実際、いったん位牌を発見してしまえば衝動はすっかり収まって平常心になるらしい。

話を聞くかぎり何かすごく特殊な能力の持ち主に思えてならないが、その能力で位牌以外の物を発見することはできないのだろうか。

そう訊ねると悦夫さんはしばらく考えてからこう答えた。

「植込みとは違うんだけど、そういえば似たようなことが一度だけありましたね」

それは悦夫さんが学生だった頃の話で、春休みに彼は一週間ほど東北地方を巡る一人旅をしたことがあった。

ある駅で乗り継ぎの時間があいたのでベンチに座って駅弁を食べていると、悦夫さんはふと妙な感覚に襲われた。

隣のベンチにはやはり乗り継ぎの客だろうか、小柄な中年男性が一人で座っていた。男性は居眠りしていて傍らには持ち手のついた茶色のバッグが置かれている。バッグはジッパーが全開になっていたのだが、悦夫さんは突然そのバッグの中に手を突っ込んでみたいという衝動に襲われた。

自分でもとまどったが衝動は抑えがたいほど激しく、熱に浮かされたようになった悦夫さんは食べかけの弁当をベンチに置くと立ち上がり、隣のベンチに近づいた。

幸か不幸か待合室に他に人影はなく、男性もぐっすり寝入っているようで背もたれに斜めに体を預けて動かない。

悦夫さんは腕を伸ばしてバッグの口に手を入れた。

すぐに引き抜いた手が握っていたのは肌色の人形のようなものだったという。

生まれたばかりの赤ん坊くらいの大きさだ、と悦夫さんは思ったが、実際かたちも赤ん坊のようで感触も人肌のような弾力と温みがある。予想外の事態に頭がぼーっとしたまま悦夫さんが固まっていると、手の上の〈赤ん坊〉がぐるっと首を不自然にひねってこちらを見た。

その顔は、まるで赤ん坊の顔の目鼻口の部分だけを八十代男性の画像と入れ替えたような奇怪なものだった。

「わかんざらまいと、おまえがおもわざりなしにくがかれ」

そうよくわからないことを老人の声でささやいて、赤ん坊は消えてしまった。

そのとき列車がまもなく到着するというアナウンスが構内に流れ、眠っていた中年男性は目を開けるとと悦夫さんを訝しげに見ながら立ち上がり、ホームへ向かって早足に去っていった。

呆然としてそれを見送った悦夫さんは、手の上から忽然と消えたものの声が頭から離れずその場に立ち尽くし、ようやくホームに下りたのは列車が出た後だった
「思えばあれが最初でしたね。あのことがあってから二、三年後に最初の位牌を拾ったんですよ。だからあの赤ん坊がそもそものきっかけっていうことになるのかな」

でも他人のバッグが路傍の植込みに変わり、赤ん坊が位牌に変わったのはなぜなん

だろう。両者にはいったいどういう関係があるんでしょうねえ。
悦夫さんはそうつぶやくと腕組みして黙り込んでしまった。

屋根に上る

S県在住の弘之さんの職場の窓からは近くの寺院の瓦屋根が見えた。

去年の秋に新しく入ったバイトの鈴木さんという女性がその屋根を見て「あそこに上ったら楽しそうですね」と言い出したという。

そう？　と弘之さんは曖昧に返事をしたのだが、それが不満だったのか鈴木さんは他の社員にも次々と同じことを話しかけていた。

だが誰も彼女に同意する者はおらず、よくて首をかしげるか、中には「仕事中でしょ、わけのわからないこと言わないで！」と怒り出す者もいる。

それにも懲りずに鈴木さんは窓の外を眺めながら「絶対楽しいですよ、上りたいな」としきりと呟いていた。

翌日鈴木さんは一時間以上遅刻して出勤してきた。

理由を問われると、

「ちょっとだけ上ってくるつもりだったんですけど、思ったより手間どっちゃって」

そう言いながら窓の方を指さしている。

窓からはいつものように寺院の瓦屋根が見えていた。

鈴木さんが無断で遅刻した上にふざけているのだと思った上司が顔色を変えると、

「ずっと手を振ってたんだけど気づきませんでしたか？　何人か手を振り返してくれたと思ったのになぁ……」

悪びれずにそう付け加えて自分の席に戻ってしまった。

もちろん職場の誰も窓から手を振ったりしていないし、寺の屋根に立つ人影をみとめた者もいなかった。

呆れるというか、何となく鈴木さんのことを疎《うと》んで敬遠する雰囲気がその日以来職場に出来上がってしまったという。

仕事は一応真面目にやっているようだが、また何か夢みたいなことを言い出すんではと思うと、彼女を見ているだけで苛々《いらいら》する。

鈴木さんが定時で帰った後、社員たちはそう陰口を言い合った。

「今度遅刻したらクビにすればいいんじゃないですかね」

弘之さんは頭の後ろで手を組んで背をのけぞらせながらそう言って、椅子をくるっと回すと窓の方を向いた。

夕闇の迫る景色の真ん中には、あの寺院の瓦屋根が大きくひろがっている。

その暗く沈みかけたシルエットの頂上のところに何かが飛び出して揺れていた。

「えっまさか。あれってもしかして」

そう言って立ち上がる弘之さんを見て、他の社員たちもぞろぞろと窓辺に集まった。

オフィスの窓にずらっと並んだ彼らに向かって、屋根の上の鈴木さんが大きく手を振っていた。

勢ぞろいして口をぽかんと開けている彼らを見て満足したのか、鈴木さんは腕を下ろすと屋根の向こう側にひょいと飛び降りてしまった。

少なくとも、弘之さんたちからはそうしたように見えたのである。

慌てて外へ飛び出して寺の境内に駆けつけた彼らは周囲を見回し、遊んでいる子供たちや犬の散歩に来ていた老人にも訊ねてまわったが、誰も屋根から飛び降りてきた人間を見た者はいなかった。

鈴木さんらしき人が歩いているところも見なかったそうだ。

鈴木さんの携帯番号にかけても繋がらず、その日は連絡がつかずじまいだった。

翌朝出勤してきた鈴木さんは腫れぼったい目をしていつものような覇気《はき》がなく、弘之さんたちが昨日のことを口々に訊ねても「そうですか」「ですよねえ」などと答えにならない曖昧な返事をするだけで、昼過ぎには「気分が悪いので早退します」と言い置いて帰ってしまった。

翌日鈴木さんの弟を名乗る若い男の声で電話があり、

「姉はゆうべ入院したのでもう今後仕事には行けませんのでよろしく」

そう一方的に話して、入院先の病院名を訊ねる間なく通話を切ってしまった。以来鈴木さんは会社に出勤していない。

だがその後も時々窓から見える寺院の瓦屋根に、鈴木さんの姿が現れることがあるらしい。

ただあのときのように元気に手を振ってみせることはなく、まるで紙でできた人形のように薄っぺらい鈴木さんがゆらゆらと屋根の上に頼りなく立っているのだ。

顔などまるで子供が書いた絵のように単純になってしまっていた。

どうしてそんなことになっているのか、弘之さんたちにはわからない。

鈴木さんが退院したのかどうか、生きているのか死んでいるのかさえ誰も知らなかった。

もちろん会社の誰も屋根の上の鈴木さんに向かって手を振ったりしないし、それどころか一日中窓にブラインドを下ろして外が一切見えないようにしていた。

それでもふっと魔が差して誰かがブラインドの隙間から外を覗いてしまうことがある。

そんなとき、たいてい寺院の瓦屋根の上に紙人形のような彼女はいた。

ただいるだけで、べつに何もしないのである。

葬式帰り

二十年近く前のこと、冬治さんは知人の葬式で訪れた町で道に迷ってしまった。

斎場から住宅街を通って駅に向かう途中、景色のいい川があったので川沿いを通っていこうとしたら元の道に戻れなくなってしまったのだ。

道を訊こうにも人が全然歩いておらず、店舗などもまるで見当たらない。困ったなと思っていたら向こうから褐色がかったバスが近づいてきた。

バスは行き先表示が〈○○駅〉になっており、目ざしている駅ではないがこの際かまわないと思い、冬治さんは周囲に停留所を探した。だが見つからないままバスが接近してしまったので、ダメモトで手を上げてみたらバスはすぐ目の前で停まってドアを開けてくれたという。

お礼を言いながら乗り込んで近くの席に座るとバスは発車した。

車内は客が誰もおらず、冬治さんは二人掛けのシートに身を沈める。

耳慣れない地名の停留所名を耳に楽しみながら、窓を流れる田舎町の景色を眺めた。

何というバス停だったかは忘れたが、初めて停車して初老の女性が一人乗り込んできた。

その客は車内を見渡して冬治さんを見つけるとぎょっとしたような顔になった。

そんなに驚かなくてもいいだろうにと思いつつ冬治さんはさりげなく目をそらす。

だが女性はまっすぐ冬治さんの方へ歩いてきて冬治さんの手首をつかむと、

「あんた、そんながでたわすとな、あるましけらんけん！」

訛りがひどくて意味がわからなかったが、冬治さんにはそう聞き取れる怒声をあげた。

その剣幕に圧されて思わず腰を浮かせた冬治さんを、女性はものすごい力でぐいぐい引っ張っていってそのまま、まだ開いたままだったドアから思い切り突き飛ばした。

でんぐり返るような勢いで地面に転がった冬治さんが顔を上げると、もうバスはいなくなっていたという。

いったい何なんだあのおばさん、どうしておれがこんな目に遭わなきゃならないの。

憤慨しつつ礼服についた土をはたいていると冬治さんはおかしなことに気づいた。

そこはさっきバスを停めて乗り込んだ場所だったのだ。

近くに立っている色あせたようなパチンコ屋の広告看板や、落葉に埋もれかけた庚申塔はたしかに見覚えのあるものだった。

混乱したまま歩き出した冬治さんは、どうにか一時間以上かかって目的の駅にたどり着くことができた。

その間、沿道にバス停はひとつも見なかったしバスに追い抜かれることもなかった。

「葬式の帰りにはそういうおかしなことってあるもんだよ」

帰宅後、冬治さんの話を聞いた父親はそんなふうに言っていたそうだ。

バスの行き先になっていた駅名はどうしても思い出すことができないという。

ハルミの酒

菜津代さんが二十代の頃によく遊んでいた街には、何軒かの〈出る店〉があった。

つまり幽霊が出るとか心霊現象が起きるといわれる飲食店のことだが、そういう店の噂はなじみの店で飲んでいるときに他の客や店員の口から噂として語られ耳に入ってくる。

すると菜津代さんは興味を抑えられず、居ても立ってもいられなくなって時にはその晩のうちに噂の店へ一人で乗り込んでいった。

もちろん幽霊の噂を聞きつけて確かめにきたことはおくびにも出さず、なるべく静かに店内や客の様子を観察していた。

結論から言えばそうやって乗り込んでいった店で都合よく幽霊を見たり、心霊現象めいたものを目撃したことはなかったそうだ。

中には気に入ってそのまま通う店のひとつに加えたこともあり、店の人とも仲良くなって話を聞いているとたしかに不思議な体験をしていることは事実のようで、常連客からも同様の証言があってここはやはり〈出る店〉なんだなと納得したりする。

Tという店もそのひとつで、ここは雑然とした他人の部屋に遊びに来たようなバーなのだが、店内で人がそれも一人二人ではなく死んでいるらしく、その人たちの幽霊が出るのだと言われていた。

そんな話を店のママが平気で口にし、客たちもべつに怖がったり気味悪がったりするふうでもなく、にこにこ笑いながら酒を飲んでいる。

亡くなった人たちは病死や自殺など様々のようだが、店は昔ママの親類の家があった場所らしく、その人たちも早逝したり行方不明になったりしてずっと空き家だったということで、もともとよくない土地なんじゃないかとママは煙草の煙と一緒にそっけなくつぶやいていた。


何度目かにTを訪れたときのことである。

客は他に顔見知りの女が一人いるだけで、店の中は静かだった。菜津代さんが水割りを口にしながらママの方を見ると、その背後の影になっているところにショートボブの少し赤みがかった髪の毛のようなものが見えた。ママのウィッグなのかな？　と思いつちょっと目をそらしてもう一度見ると、そこにはＣＤのケースが積まれた台があるだけでウィッグは見当たらない。ママを見てもさっきと髪形は変わっていないし、どこに行ったんだろうと周囲に目をやりながら急に落ち着かない気持ちになってきた。

それに気づいたママに話しかけられ、菜津代さんが今見たばかりの髪の毛のことを言うと、

「それハルミっていう子なの」

ママは真顔でうなずきながら背後に視線を向け、

「このへんだったでしょ？」

そう言いながら台の上を指でコツコツと叩いてみせた。

「七、八年前に店を手伝ってもらってた子なの、無断でしょっちゅう休んでばかりだったけどねえ。最後には頼んでもないのに昼過ぎに一人でお店出てきて、客のボトル勝手にあけて薬と一緒にがぶ飲みしてこのあたりにぶっ倒れてたのよ」

ハルミ顔見せなかったでしょ？　自分のことブスだと思い込んでた子だからいつも後ろ向いてるのよね、ほんとはかわいい子だったのよ後で写真見せてあげるわね。

……そう言いながらママは、いつのまにか何か酒らしきものを注いできたグラスをひとつその台の上にのせた。

菜津代さんはたった今自分が見たものとママの話が自分の中でじわじわと一つになっていくのを感じて、腕にできた鳥肌を無意識にさすっていたという。

菜津代さんのグラスが空になった頃に、ママはさっき台に供えていたグラスに氷を足して何も言わずに持ってきて菜津代さんの前に置いた。

「ここでハルミに会った子は、あの子のお酒をもらう決まりなの。断っちゃだめだよ、執念深い子なんだから取り憑かれるよぉ」

カウンターの向こう端から声色をつくって脅す常連の女にうながされて、菜津代さんはグラスを口に運んだという。

「幽霊に奢られるなんてめったにないわよ、何事も人生経験ね」

ママがそう言いながら一枚のちょっと染みのある写真を取り出して見せてくれた。

被写体の女性は赤みがかったショートボブで、こちらを睨みつけるような目をして口元だけが弱々しく笑っている。どことなくママと似たところのある顔をしていた。

グラスの中身は無色透明のたぶん蒸留酒で、バジルのような香りがついていたけれど、どんな酒なのかは教えてもらえなかったそうだ。

目印

小学生の頃二年間だけ茜さんが住んでいた家は、わずかな庭のある小さな二階家だった。母親の伯母がかつて住んでいたところでしばらく空き家だったらしい。

家の近くには川が流れ、そのあたりは谷の地形で東西どちらに歩いても急坂になっていた。

茜さんは坂の上の友達の家に毎日のように遊びに出かけていた。

友達の家の庭から見下ろすと、谷底に並ぶ家はおもちゃのようにかわいらしい。その中に自分の家もあるかと思うと変な気分だったという。

だが茜さんはどれが自分の家なのかわからなかった。どれも似たような色や形の屋根に見えるし、ベランダに干された洗濯物は死角になって確認できなかったからだ。

「それなら何か目印になるものをこっち側の窓からぶら下げといたらいいよ」

友達にアドバイスされた茜さんは家に帰るとさっそく母親に相談して、何か遠くからでも目につくものを考えてもらったという。

すると母親は、

「去年おじいちゃんにもらったダッフルコートがいいんじゃない?」

そう言ってクローゼットからカバーのかかったままのそれを出してきてくれた。

田舎のお祖父さんが買って送ってくれたものだが、サイズも聞かずに買ったものだから茜さんにはずいぶん大きすぎたし、真っ赤で派手すぎるところもまるでサンタクロースの服みたいで彼女は嫌だった。

だから去年一度着たきりで、この冬は一度も袖を通していなかったのだ。

これを二階の、友達の家がある方角の軒下に下げておけばたしかによく目立つだろう。

翌日の昼過ぎ、ダッフルコートを母親が窓からぶら下げてくれるのを確かめてから、茜さんは家を出た。

友達の家へ着くと庭の端っこへ二人で行って自宅の方を見た。だがおもちゃのような家のどの軒下にも、あの赤いコートは見当たらなかった。

お母さんが片づけてしまったんだろうか。それとも風が吹いて地面に落ちてしまっ

たのかもしれない。そうがっかりしていると、

「あー、あれがあかねちゃん家なんだね！」

友達がうれしそうに声を上げたという。

「えっわかったの？　どうして？」

「だってあかねちゃんのママが手を振ってるよ」

驚いて茜さんは斜面の彼方に視線を向けた。

するとよく似た家の並ぶ中に一軒だけ、軒下に何かがぶら下がっている家がある。

赤くないからダッフルコートではないし、窓はぴたりと閉じていて母親が顔を見せているわけでもない。

首をかしげつつ、茜さんはそのぶら下がっているものに目を凝らした。

すると白っぽくて不格好なそれが人間の、女の人の裸に見えてきたので茜さんは息をのんだ。

ぽっちゃりした裸の女の人が両手足をだらりと下げて、軒下にゆらゆらと揺れているのが今ではははっきりと視認できたという。

顔は下を向いて隠れているが、ウェーブのかかった髪形と体型で茜さんはすぐにそ

れが自分の母親だとわかった。

ショックで頭が真っ白になり、口が利けなくなっている茜さんにまるで気づいていないのか、友達は無邪気に笑いながら言った。

「おーいあかねちゃんのママー！　ほらあかねちゃんも手振ってあげなよー」

はしゃいだように手を振っている友達を見て茜さんはわけがわからなくなった。

それで呆然としたままもう一度目を凝らしてみると、さっき全裸の母親が揺れていたはずの軒下には、赤いダッフルコートが一着ぶら下がっているのがわかる。

たしかに家を出るときに母親が吊り下げてくれたものだ。

「ほら、手を振ってあかねちゃん！」

友達にうながされて思わず茜さんも手を振った。

すると赤いコートの片袖が持ち上がって、まるで手を振り返すようにぶらぶらと揺れるのが見えた。

帰宅すると母親は台所で鍋に湯を沸かしながら青菜を洗っていた。

茜さんはほっとして体の力が抜けると思わず泣き出してしまった。

「どうしたの茜？　何かあったの？」

そう母親に訊かれたけれど、髪を何度も優しく撫でられながら嗚咽を漏らすだけで茜さんは何も答えられなかった。

この日を最後に坂の上の友達の家に行かなくなったことから、母親は茜さんが友達と喧嘩をしてしまってそのことで泣いていたのだと誤解したようだ。仲直りしなさいよと何度か諭されたし、××ちゃん家までママも一緒に行ってあげると手を取られたこともあったが茜さんはそのたびあの日見たものが脳裏に浮かび、唇をかみしめて首を激しく横に振ることしかできなかった。


祖父に贈られた赤いダッフルコートはその後一度も身につけることがないまま、数年後には母親の知人の子供にお下がりでもらわれていった。

大人になったその子供が、夫の度重なる不倫と自分の病気を苦にして自宅の浴室で首を吊ったという話を老母から電話で聞かされたときも、茜さんはすぐには今ここに記したような出来事を思い出すことはなかった。

ダッフルコートがその子の家にもらわれていったときから、すでに三十三年の歳月が過ぎていたのである。

著者紹介

我妻俊樹（あがつま・としき）
『実話怪談覚書 忌之刻』で単著デビュー。単著に「奇々耳草紙」シリーズ『憑き人』など。共著では「ＦＫＢ饗宴」「てのひら怪談」「ふたり怪談」「瞬殺怪談」等シリーズ、『猫怪談』『怪談五色 破戒』など。

伊計 翼（いけい・たすく）
怪談を集める団体「怪談社」に所属している書記。単著に「怪談社 十干」シリーズ、『恐國百物語』『怪談与太話』など。共著に『怪談五色』「瞬殺怪談」シリーズなど。

宇津呂鹿太郎（うつろ・しかたろう）
『異界巡り』で単著デビュー。ほか『怪談売買録 死季』など。共著に『怪 異形夜話』『怪談実話ＮＥＸＴ』『瞬殺怪談 斬』など。

小田イ輔（おだ・いすけ）
黒木あるじ推しで『ＦＫＢ饗宴５』でデビュー。単著に『ＦＫＢ怪幽録 呪の穴』「実話コレクション」シリーズ『憑怪談』など。共著に『懺・百物語』「瞬殺怪談」シリーズなど。

黒木あるじ（くろき・あるじ）
『怪談実話 震』で単著デビュー。「無惨百物語」シリーズ、『怪談売買録 拝み猫』『怪談実話傑作選 弔』『怪談実話 終』など。共著には「ＦＫＢ饗宴」「怪談五色」「ふたり怪談」「瞬殺怪談」等シリーズ、『猫怪談』など。

神 薫（じん・かおる）
静岡在住現役の眼科医。『怪談女医 閉鎖病棟奇譚』『骸拾い』など、共著に「ＦＫＢ饗宴」シリーズ、『恐怖女子会 不祥の水』「瞬殺怪談」シリーズ、『猫怪談』など。

つくね乱蔵（つくね・らんぞう）
『恐怖箱　蛇苺』で単著デビュー。単著に「恐怖箱」シリーズ『絶望怪談』など。共著に『恐怖箱　禍族』「怪談五色」「百物語」「瞬殺怪談」等シリーズなど。

百目鬼野干（どうめき・やかん）
地方にあるバーの店主であり、地元ではライターとしての顔も持つ。店の客から怖い話を聞き出すのを趣味とするが、本人も案外「厭な目に遭ってますよ」とのこと。シリーズ再々登場。

冨士玉女（ふじ・たまめ）
怪談を聞いたり読んだり語ったりするのが好き。普段はサラリーマンとして生きている。シリーズ再々登場。

真白　圭（ましろ・けい）
『怪談実話コンテスト傑作選　痕跡』でデビュー。単著に『生贄怪談』『暗黒百物語　骸』など。共著に『怪談実話競作集　怨呪』など。

怪談四十九夜 怖気

2017年11月4日　初版第1刷発行

監修　黒木あるじ
著者　我妻俊樹／伊計 翼
宇津呂鹿太郎／小田イ輔
黒木あるじ／神 薫／つくね乱蔵
百目鬼野干／冨士玉女／真白 圭
デザイン　橋元浩明(sowhat.Inc.)
企画・編集　中西如(Studio DARA)
発行人　後藤明信
発行所　株式会社 竹書房
〒102-0072 東京都千代田区飯田橋2-7-3
電話03(3264)1576(代表)
電話03(3234)6208(編集)
http://www.takeshobo.co.jp
印刷所　中央精版印刷株式会社

定価はカバーに表示しています。
落丁・乱丁本は当社にてお取り替えいたします。

ISBN978-4-8019-1256-4 C0176